JN175465

プロレスが死んだ日。

ヒクソン・グレイシーVS
高田延彦
20年目の真実

集英社インターナショナル

プロレスが死んだ日。

ヒクソン・グレイシーVS髙田延彦　20年目の真実

プロローグ

「プロレスは真剣勝負か、ショーか」

いまでは、そんな論争が湧き起こることもなくなった。プロレスを八百長呼ばわりする者もいない。

それはリアルファイトである総合格闘技と、肉体エンターテインメントとしての価値を有したプロレスの住み分けが明確になったからである。リアルファイトを前提としているからこそ、「八百長ではないか」という疑念が生じるのであって、肉体エンターテインメントであるプロレスに、八百長も何も無い。

プロレス会場を訪れる。たとえば年始の新日本プロレス1・4東京ドーム大会。そこに殺伐とした空気は漂っていない。むしろ、アーティストのコンサート会場のような明るい雰囲気が醸されている。或るいは、WWE（ワールド・レスリング・エンターテインメント）の会場と同じ雰囲気だ。居心地は悪くない。でも、それは同じプロレスという名が冠されていても私が子どもの頃から愛し続けてきた「昭和のプロレス」とは確実に異なる。

緊張感が無い。あるのは、ウキウキ感、楽しさだ。私が子どもの頃の夢中になったプロレスは、すでに、この世に存在していないのである。でも、それは決して悪いことではない。闘いに緊張感を求める場所がプロレスから総合格闘技へ移ったというだけのことなのだ。

昭和のプロレスが大好きだった。

金曜8時が、待ち遠しくて仕方なかった。

プロレスラーという存在は強さの象徴であり、私たちに生きる勇気を与えてくれた。決して大袈裟ではない。〝燃える闘魂〟アントニオ猪木の異種格闘技戦に熱狂し、自分も猪木とともに世間と闘っている気持ちになっていた。その後にUWFに夢を見る。至高の時間だった。

だが、そんな幻想は、時代が昭和から平成へと移り間もなくして崩されてしまう。

バーリ・トゥード、アルティメット、総合格闘技という言葉が叫ばれる中で、プロレスというジャンルは、最強を決める闘いの舞台ではないことが明確になってしまったからだ。

世紀末、プロレス界は揺れに揺れた。

プロレスを信じたい。

いや、現実を直視するべきだ。

その狭間でファンの心も揺れに揺れた。

いつしか、最強の称号は、グレイシー柔術に冠されていた。

プロレスが最強を名乗るのであれば、グレイシー柔術を倒さねばならない。ファンは、プロレス界から誰がグレイシー一族最強の男ヒクソン・グレイシーに挑むのかに注視した。無視しよう。

そんな動きもあった。

グレイシー一族が席捲する総合格闘技とは一線を画すことでプロレスを守ることができると考えるレスラー、団体関係者もいたのだ。

だが観る者は、より刺激的な闘いを求める。グレイシー一族とプロレス界の遭遇は避けられない状況にあった。

そんな中、突如、ヒクソン・グレイシー×高田延彦戦の決定が発表される。

20年前のあの時ほど、プロレスファンが熱くなったことはなかった。プロレスを信じる者も、UWFだけは信じたいと想う者も、プロレスを信じるのをやめた者も、UWF信者をやめた者も皆が緊張した。

そして、1997年10月11日、東京ドーム『PRIDE.1』ヒクソン×高田戦の結果によって、プロレスが新たに進む路《みち》が明確化されたのである。

プロレスが死んだ日。

そこに至る過程、以降の流れを含めて、私が知る限りの真実を綴る。

目次

装丁・本文デザイン　伊藤明彦（iDept.）
写真　真崎貴夫、スラムジャム

第1章

嵐の船出

流れた8・15東京ドーム

「8月15日、東京ドームで髙田がヒクソンと闘うことに決まったらしい」

そんな話を聞いたのは、1997年の4月の終わり、ゴールデンウィークに入った直後のことだった。同じ時期に、その情報はプロレス、格闘技メディアに広がる。すると記者や関係者から、さまざまな噂、声が耳に入ってくる。

「大会を主催するのは、キングダム（髙田が所属したUWFインターナショナルの後継団体）ではないらしい。名古屋のイベント会社が動いている」

「前田日明も動いていたみたいだが、そっちは話がまとまらなかった。名古屋のイベント会社の女性社員とヒクソンの奥さんに繋がりがあって、ヒクソン×髙田戦実現に向けての話が一気に進んだようだ」

「すでにヒクソンにはファイトマネーの一部が渡されている。3000万円。ということはファイトマネーは1億円に近いということだ。髙田にも1000万円が支払われている。だからこの試合、流れることはないよ」

「ヒクソンは、いくら積まれても負け役を引き受けるつもりはないらしい。ということは、この試合は、やっぱりシュート（リアルファイト）だ。それでよく髙田がやる気になったよな」

「日本テレビで放映されるかどうか瀬戸際のようだけど、メドがついたから東京ドームを押さえたのだろう。もしかするとテレ東（テレビ東京）になるのかもしれない」

「5月の第2週に記者会見が開かれる。5月7日にヒクソンがロスアンジェルスを発って日本に来るらしい」

後になって思えば、その時点において正しい情報もあったし、的外れなものもあった。

その予定はあったのだが、ヒクソンは5月7日にロスアンジェルスを発たなかったし、5月の第2週に記者会見が開かれることもなかった。ただ、8月15日に格闘技イベント開催のために東京ドームが押さえられていたことは事実だ。そして、大会を計画した者たちは、この日に、ヒクソン×髙田戦を実現させるつもりでいた。

だが結局のところ5月、6月に大会開催の正式発表はなく、8月15日にヒクソン×髙田戦は行われなかった。

「何か知ってますか？　髙田とヒクソンの試合について。もう飛んじゃったんですかね。どうも名古屋のイベント会社（H_2Oカンパニー）が中心になっていたんじゃなくて、K－1やUインター（UWFインターナショナル）のイベントに携っていた東海テレビ事業の榊原（信行）という男が精力的に動いているらしいんですよ。プロレス関係者じゃないから伝手《つて》がなくて。何か知っていることがあったら教えてもらえませんか？」

旧知のスポーツ紙の記者から、6月の終わりに、そんな風に言われた。

「いや、詳しいことは何も知らないよ」

そう答えると彼は言った。

「ヒクソンの方から何か情報が入っているんじゃないですか。本当はいろいろ知っているんでしょう？　でも教えてくれないんですね」

違う。本当に私は何も知らなかったのだ。ヒクソンとは親交はあったが何も聞いていなかった。

8月15日に予定されていたヒクソン×髙田戦が中止ではなく延期で、10月11日、東京ドームで開催されるのを知ったのは7月に入ってからである。その後、『週刊ファイト』紙と『東京スポーツ』紙に、「髙田×ヒクソン戦実現」と報じられる。

そして、7月20日にヒクソンが来日。2日後の22日火曜日に、ホテルニューオータニ・シリウスの間で記者会見が開かれ、ヒクソン、髙田が同席の下、両者が10月11日、東京ドームで対戦することが正式に発表されたのだ。大会名称は『ＰＲＩＤＥ．１』と決まっていた。

プロレスマスコミを中心に大勢の報道陣が集まった。

そこにヒクソンと髙田が、わずかに緊張した面持ちで登場し、カメラマンが放つフラッシュを浴びながら握手を交わした。

世紀の一戦がついに実現する。

にもかかわらず、ヒクソン、髙田両者に対して報道陣からそれほど多くの質問は飛ばなかった。

「人生を懸けて私は闘っている。とにかく勝つ」

そうヒクソンは話し、髙田も、こう応えた。

「やっと来たかなというのが実感で、非常に長い長い一年だったかなと。ヒクソンには燃える炎のようなものを感じます。場合によっては進退を懸ける覚悟でリングに上がる」

この会見の場でルールも発表された。それは次のようなものだった。

・選手の体重はフリーウェイト制とする。
・オープンフィンガー8オンスのグローブを互いに着用する。
・シューズを着用してもよいが、その場合、キックを放つことは認められない。
・ラウンド形式で試合を行う。5分×12ラウンド。ラウンド間のインターバルは2分間とし、12ラウンドで決着がつかない場合は引き分けとする。
・次の行為は反則とする。嚙みつき、頭突き、目潰し、金的攻撃、頭髪を摑む、脊椎への攻撃、肘打ち、倒れている選手に対しての蹴り（両手両足のうち3点以上がマットに接地している相手に対しての足による打撃攻撃）、故意にロープを摑む、リング下に相手を投げる、リング下に逃げる。

・ロープエスケープは認めない。

・試合の勝敗は以下の状況で決定する。

[1]ノックアウト＝ダウンと同時にレフェリーがカウントを数え、10に至った時にファイティングポーズが取れない場合は負けとなる。フリーノックダウン制ではあるが、ラウンド終了のゴングが鳴らされた場合でもカウントは続行される。

[2]一本勝ち＝ギブアップの意思表示は口頭で行うか、マット或るいは相手のカラダを3回以上叩く。

[3]テクニカル・ノックアウト＝レフェリーが危険と判断してストップするか、選手のセコンドがタオルを投じた場合はＴＫＯとする。

[4]失格＝反則を犯したり、レフェリーの指示に従わなかった場合、「注意1」が課せられ、再度、反則を犯した場合には「注意2」となり失格負けとなる。レフェリーが、明らかに故意の反則と判断した場合は、一度目で失格負けとなる場合もある。

・アクシデントにより選手が怪我をして、リングドクターが診断、試合続行不可能と判断した場合には、試合はノーコンテスト（無効試合）となる。ただし、反則攻撃における怪我の場合は、反則を犯した者が敗者となる。

またファイトマネー以外に、勝者には２０００万円が贈られることも、この場で発表されている。

ヒクソン、高田が同席しての記者会見は20分ほどで終わった。２人は席を立つ。しかし、これで終わりではなかった。この後、主催者サイドと報道陣の間で激しいバトルが繰り広げられたのである。

嵐を呼んだ記者会見

集まった報道陣の中には、スポーツ新聞社のプロレス担当記者も当然いた。長年プロレスを取材しているベテラン記者たちだ。

彼らが主催者に対して激しく噛みついた。

「ＫＲＳとは何か？」

まず、その点をプロレス担当のベテラン記者たちが突く。

ＫＲＳとは、主催団体として記されていた名称である。

ＫＲＳ＝格闘技レボリューション・スピリッツ。つまりは、『ＰＲＩＤＥ．１』を開催するにあたり、それを動かし支える有志の集まりとされていたのだが、具体的に企業名を挙げろと記者たちから迫られたのである。

これまでに東京ドームというビッグキャパシティでボクシング、プロレス以外の格闘技イベントが開催されたことはなかった。かなりの人気を得ていたK－1ですら、この時点ではまだ、東京ドーム進出は果たしていなかったのである。そんなスーパーイベントを一体、誰が、どの企業が仕切っているのかを記者たちは知りたかった。

だが主催者サイド、つまりKRSは、具体的な企業名は挙げなかった。なぜならば、取り敢えずはヒクソン×髙田戦を正式発表したものの、運営に関しては決まっていないことが多過ぎたからだ。この会見の後に賛同してくれる企業を得られる可能性もあったし、不確定なことは公にしたくなかった。だから、まずは、ヒクソン×髙田戦というファンが望んでいるスーパーファイトの実現だけを発表し、KRSに関しては、この一戦に賛同した有志ということにとどめたかったのだ。「ヒクソン×髙田戦決定」というビッグニュースを正式に発表することで、まずはメディアにも好意的に受け入れてもらえるという予測も主催者サイドのKRSにはあったように思う。

でも、そうはいかなかった。プロレスマスコミの追求は執拗だった。声を荒らげる記者もいた。

あの場に立ち合っていて私は思った。

２つのことが摩擦を生じさせている、と。

一つは、「プロレス村」のルールである。

当時、スポーツ新聞に掲載されるプロ格闘技といえば、相撲、ボクシング、プロレスの３つだった。これらは多くの場合、担当記者が異なっている。つまり、プロレス担当記者は常にプロレス団体を取材していたのだ。修斗などの格闘技団体もあったが、それらは特別なイベントを開催する時（たとえば、94、95年に開催された『バーリ・トゥード・ジャパンオープン』）以外は、ほとんどスポーツ紙では報じられていない。

要するにプロレス団体、選手、それを取り巻くメディアの間で「プロレス村」が形成されていたのだ。

私も『週刊ゴング』（日本スポーツ出版社）記者時代に、プロレス取材を数年間、体験した。だからよく解るのだが、プロレスメディアは、プロレス団体に対してジャーナリスティックな目を向けることはない。両者は共存共栄の関係にあった。だからそこに、プロレス界の既得権益を侵されたくないという考えも生じるのだ。

プロレス団体が繁栄しているところに、新参者が『ＰＲＩＤＥ．１』を東京ドームで開催すると表明する。

「何者だ？」

「俺たちの商売の邪魔をするつもりか？」

そうプロレス団体の経営幹部たちは訝《いぶか》しむ。そんな彼らの代弁者となってプロレス担当記者たちは、『PRIDE.1』の主催関係者に襲いかかったのである。

見切り発車の記者会見では、主催者サイドが劣勢を強いられた。取り敢えずは、ヒクソン×髙田戦の正式決定を発表したのだが、イベント的には何も決まっていなかった。たとえば試合開始時間、テレビ放映の有無、アンダーカード（メインのヒクソン×髙田戦以外の試合）については発表できなかったのである。

険悪な雰囲気の中で記者会見は終わった。

メディアは『PRIDE.1』の開催に対して肯定的でも協力的でもなかった。そのことは翌日のスポーツ紙の紙面に表れる。ヒクソン×髙田戦という格闘技界のスーパーイベントの決定が正式発表されたにもかかわらず、紙面での扱いは小さいものだった。それだけではない。記事の内容も、既存のプロレス団体に配慮するかのようにネガティブな言葉が並ぶ。その一部を抜粋してみる。

〈世紀の一戦は、スポンサーやテレビ局との契約、8000万～1億円といわれるヒクソンのギャラがネックとなり、なかなか決まらなかった。今回はパーフェクTV、電通のバックアップで記者発表にこぎつけたが、主催者の実態がはっきりしない上、チケット販売、ほかのカードなどすべて未定、会場となっている東京ドームさえ、「まだ何も決まっていません」と、開催が確定とは言えない状況。ヒクソン戦にすべてをかける髙田の思いが本当にかなうのか。疑問が残る記者会見だった。＝『日刊スポーツ』紙（97年7月23日付）〉

〈ヒクソン・グレイシーと髙田延彦の一騎打ちをメーンにした格闘技イベント『PRIDE.1』（10月11日、東京ドーム）の開催が22日、都内ホテルで正式発表され、両選手が握手を交わして対決を宣言した。同大会は電通、メディア関連会社のバックアップのもとにエンターテインメント分野の有志が集まったKRS（格闘技・レボリューション・スピリッツ）実行委員会が主催するが、試合開始時間、チケット料金、前売り発売日も未定で、見切り発車の開催発表となった。

大会は8試合程度が組まれる予定で、武輝道場の北尾、キングダムからも金原らの参戦がウワサされる。だが会見ではアンダー・カードはもとより有力出場選手の発表もなく、メーン以外のカード編成に不安を残した。テレビ放送は衛星放送のパーフェクTVで全試合生中継される方向で、地上波については交渉中と説明。8・15大会が中止延期されたのもビッグ・スポンサーが降りたことが大きな要因になったという。今回も予定されていた有力スポンサーが直前で降板したともいわれ、主催者の歯切れは悪かった。

暗礁に乗り上げながらも一年がかりで両雄をそろい踏みさせて開催発表にこぎつけた

ものの、開催日まで三ヶ月を切った段階としては運営面の立ち遅れが懸念される。＝『デイリースポーツ』紙（97年7月23日付）〉

〈ところで高田とヒクソンが退席後、主催者の『ＫＲＳ』と報道陣の間で〝番外戦〟が繰り広げられた。

『ＫＲＳ』という組織の実体がはっきりとしない上、この日の会見でもチケットの料金や発売日、アンダーカードなどに関して一切触れようとしないため、「どうなっているんだ?」とマスコミ陣が詰め寄ったもの。

だが、それでもラチが明かず、主催者側は「交渉中」「未定」と、あいまいな返事を繰り返すばかり。『PerfecTV』が完全生中継を行うことは判明したが、局名、また地上波（テレビ東京?）での放送の有無は明らかにならなかった。

参加企業数も「現段階で6〜7社」とはっきりしない有り様。後日、『ＫＲＳ』から送信されたファックスによると、『ＫＲＳ実行委員会』には今のところ7社が参画。その中には、幻となった8・15東京ドームのプロデュースを担当した名古屋のイベント会社『H_2Oカンパニー』も含まれている。＝『週刊ファイト』紙（97年8月7日号）〉

通常、新たなイベントを立ち上げる場合、まずはメディアを味方につける、というのがセオリーである。好意的に報じてもらい、ファンの興味を煽《あお》りたいとイベント主催者は考える。だがKRSは、この時まだ、そのやり方を知らなかったし、また、そうできる状況にもなかった。

以降KRSはメディアと敵対することも多く、『PRIDE.1』は逆風の中、開催へと向かうことになる。

髙田が語ったこと

この記者会見から1週間後の7月29日、髙田が所属する団体キングダムは、東京・国立代々木競技場第二体育館で『BIRTH STEP 3』と題した大会を開催している。UWFインターナショナルが崩壊した後に結成されたキングダムは、97年5月4日、国立代々木競技場第二体育館で旗揚げ戦を行っており、これが3度目の興行だった。ヒクソンとの対決を念頭に置いていた髙田は、旗揚げ戦、そして2戦目にも出場していない。この7・29代々木大会でも試合をすることはなかったが、会場には姿を現した。

試合開始前に売店横に座り、Tシャツ購入者に対してサイン会を行った。ヒクソンと闘うことが決定したことで髙田に対する注目度はさらに高まっていて、売店には長蛇の列ができていた。

そしてリングにも上がった。この日の第1試合開始時間は19時だったが、その15分前の18時45分にリングイン。上半身裸になり、ムエタイ戦士ボーウィ・チョー・ワイクンが構えるミットに強烈な蹴りを放つデモンストレーションを敢行。その後、腹筋運動をこなして公開練習を終えた。

リング上でマイクも手にした。

「今回も試合を休むことになりました。すみません。今度闘う相手は非常に強い選手なので、こちらの状況を相手に対して少しでも知らせたくありません。こんなつまらない練習しか見せられないことを許してください」

この後、報道陣に囲まれた髙田は、こうも言った。

「一日の練習時間は1時間、毎日ボトル2本はあけている。そう書いておいてください（笑）」

勿論、これはおとぼけで本当のことではない。この場で髙田陣営は、今後の調整状況をヒクソン陣営に知られたくないので練習は非公開とする旨をメディアに伝えている。

また、このキングダム代々木大会の2日前に、髙田は『東京スポーツ』紙の記者からのインタビュー取材を東京・港区東麻布にあったキングダムの事務所で受けている。その際の主なやりとりは以下の通りだ。

――（7月）22日にようやく念願のヒクソン戦開催が正式発表されたが、いまの気持ちは？

髙田　う〜ん、この1年間は長かったような短かったような。ただ、当初決定していた8月15日の大会が流れた時は、張りつめていたものがプッンと切れた。立ち直るまでに2〜3週間は何もヤル気が起きなかったよ。

――立ち直れたのはヒクソン戦実現に向けての執念ですか。

髙田　そうだね。1から10まで説明するといくら時間があっても足りないけど、純粋にまっさらな気持ちでヒクソンという人間に興味を持ったということだね。

――きっかけはやはり、安生（洋二）がロスアンジェルスのヒクソン道場で返り討ちに遭ったことなのか？

髙田　それはないとは言えないが、きっかけのほんの一部に過ぎないよ。

――あの時、「なぜ髙田はすぐにアダ討ちに立ち上がらないんだ」という批判もありましたが……。

髙田　あの時はオレ自身、アルティメットというものに対して一切興味がなかったから行かなかっただけ。それだけだったね。

――いまやストーカーばりの急変ぶりだが、その後何があったんですか？

髙田　あれからヒクソンは『バーリ・トゥード・ジャパン』を連覇するなど、何かブームみたいにもてはやされた。嫌でも彼に関する情報が目や耳に入ってくる中で、ヒクソン・グレイシーという個人に対して非常に興味を持った、ということだね。

――400戦無敗の男の鼻をあかしてやろうじゃないか、と。

髙田　そういうんじゃないよ。彼に対しては何か、尊敬する部分があるんだよ。日本人が忘れかけた趣、侍のような精神を彼は持っている。純粋に、そんな男と闘ってみたいと思ったんだ。勿論勝てば、自分にとってこれ以上にない自信になるしね。

――そういう男と、ヒクソン圧倒的有利のルールで対戦するわけで、勝算はありますか?

髙田　なければやらないよ。それにヒクソンとバーリ・トゥード・ルールはセットだと考えている。一緒でなければやる意義はないし、勝つ意味もない。

――対策は?

髙田　ヒクソンの攻撃パターンは、どんな相手でも同じ。やるべきことは何でも取り入れてやっているつもりだ。

――対戦の正式発表記者会見では、「負ければ引退」と受け取れる発言もしていたが……。

髙田　勝つためにやるんだよ。だから引退はない!　とにかく結果がどうであれ引退なんて考えていない。

──ヒクソン戦の勝負のポイントは？

髙田　精神面。オレにとってまったく未知の分野だからね。当日、オレがいかにニュートラルな気持ちでリングに上がれるか、それに尽きるよ。リング上を舞うチリの一つひとつが見える。それくらいの精神状態で上がればいけるんじゃないかなと思う。

──そうは言っても10カ月ぶりの試合。しかも世紀の大一番。大丈夫ですか？

髙田　そんなこと心配していたらキリがない。それより、自分は10カ月も一つの試合に向けて集中できたとプラスに考えている。

──その〝VIP待遇〟のせいで5月に旗揚げしたキングダムのファンに対しては多大な迷惑をかけたようにも思うが……。

髙田　そういう人は、10月11日、東京ドームに来てくれよ。

──ファンに歴史的勝利をプレゼントするということか？

髙田　そういうこと。

──ところで、リングスの前田日明選手は、「もし髙田が負けたら次はオレが行く」と話しているが……。

髙田　何をいまさら……。いま、そんなことを言うんだったら、何で山本（宜久《よしひさ》）がやられた時にすぐに行かなかったんだ。いつでもやれるタイミングはあったはずだ。そんなのただのリップサービスでしょ。

――前田は盛んに「プロレス界を食いものにするグレイシーはほっとけん」と言っていますが、髙田選手もそう思っていますか。

髙田　悪いが、そういうものは一切ない。どんなスタイルのものが強いか、ではなく〝誰が強いか〟だよ。何度も言うが、オレはそういう部分でヒクソン個人に興味を持っただけだ。

このインタビューは97年7月29日付『東京スポーツ』紙に掲載された。

以降、10・11東京ドーム決戦まで、髙田がメディアの前に姿を現すことはほとんどなかった。

97年8月のヒクソン

8月の半ば、私はカメラマン、映像スタッフと3人で米国カリフォルニア州ロスアンジェルスに飛んだ。ヒクソンを取材するためである。

日本ではちょうど〝お盆〟にあたる時期。取材が決まったのが8月に入ってからだったから飛行機は、どの便も満席状態とのことだった。それでもスタッフが何とか工面してくれて、3人が同じ日に別々の便で成田を発った。

8月はカリフォルニアも暑い。でも、日本の暑さとは随分と違う。湿気はそれほど無く空気はカラッとしていて心地好い。ヒクソンの故郷、リオ・デ・ジャネイロと気候が似ているようにも思う。

ロスアンジェルスに着いた日は、キモとタンク・アボットに会いインタビュー取材を行った(アボットは候補選手ではあったが、結局のところ『PRIDE.1』には出場しなかった)。

ヒクソンのインタビューは、その翌日に行った。

ロスアンジェルス国際空港近くのホテルから車で10番のフリーウェイをサンタモニカ方面に向かう。濃青の空には雲ひとつなかった。陽射しがまぶしい。サンタモニカでフリーウェイを降り、サンセット・ブールバードを北西へと進むとパシフィック・パリサデスという街に入る。そこの閑静な住宅街にヒクソンの家はあった。

どれくらいの面積があるのだろう、庭も含めると敷地はかなり広かった。プライベートプールもあり、ゆったりとした間取りの部屋が幾つもある2階建ての住居。そこにヒクソンは当時の夫人キム、長男のホクソン、次男クロン、長女カウアン、次女カウリンと6人で暮らしていた。

「ようこそ」

そう言ってヒクソンは笑顔で我々を迎え入れてくれた。

通されたリビングルームで少し寛いだ後、私はヒクソンに尋ねた。

「今日は、道場で何時頃から練習するのか？」

するとと彼は答える。

「道場へ行く予定はない。本当は今日はビーチでカラダを動かそうかと思っていたんだ。でもインタビューが長時間にわたるようなら、ずっとここにいても構わない。任せるよ」

ならば、先にビーチで写真撮影をし、その後、ヒクソンの家に戻ってインタビュー取材をしようということになった。

「ＯＫ！　いい場所がある。私の車で行こう！」

そうヒクソンに言われ、私たち３人は彼の車に乗り込んだ。

ヒクソンは３週間前に来日し、髙田との対戦発表記者会見に臨んだ。僅か３日の滞在だったが、表情は、いまと違って穏やかではなかった。そのことを話すと彼は言った。

「正直に言って、ちょっと疲れたね。記者会見の後に個別のメディアインタビューが結構、多くあったから。同じ言葉を繰り返すのは疲れるんだよ（笑）。こっち（ロスアンジェルス）に帰ってきてちょっと落ちついた」

サンタモニカのビーチは、その日が土曜日だったこともあり、どこも人で溢れていて、落ちついて撮影取材ができる状況にはない。ヒクソンは40分ほど車を走らせた。そして車を停める。

着いて驚いた。

サンタモニカのビーチはあんなに多くの人で賑わっているのに、そこには誰も人がいなかったからだ。

ヒクソンは道衣に着替え、私たちはスチール（写真）とムービー（映像）の取材を同時に開始する。時刻は午前11時。陽射しが強過ぎるほどの好天。額に汗を浮かべながら約20分間の撮影が終わりかけた頃にヒクソンは言った。

「ちょっと泳いでもいいかな」

道衣を脱ぎ捨てショートタイツだけの姿で海岸沿いを10分ほど走る。続いて柔軟体操。独特なやり方でカラダをほぐしていく。その間に腹部を極度に凹ませる呼吸も行う。約15分、存分にカラダに柔軟性を宿した。

その後、一歩一歩、砂浜を踏みしめるようにして海水に足から身を浸していく。天候と比例して波が穏やかなわけではなかった。波は、かなり高い。サーフィンが趣味だというヒクソンは、「いい波だよ」と笑っていた。

だが、すぐに表情から笑みは消え、今度は波に向かってファイティングポーズをとり始めた。ヒクソンが試合開始直後に見せる、顎を少々上げて両手を前方に突き出す独特の構えだ。いつも、そうやって海に向かっているのか、それとも我々取材陣のカメラに対するサービスだったのか、その辺りは解らなかった。ともかく波に向かって闘いを挑むようにして海へと入っていった。

「あの岩まで泳いでくる」

ヒクソンは指をさしながら私にそう言った。

波打ち際から200メートルはあるだろう場所に岩は顔を出していた。

泳ぎ始める。波はかなり高い。

彼の行く手を阻むように大波がやってくる。何度も何度も、その波にヒクソンのカラダが押し戻されている。どれほどの時間がかかっただろうか、ヒクソンは何度も何度も波に呑み込まれながらも岩へと辿り着いた。

岩の上に立つ褐色の肌のヒクソン。

彼は両腕を広げて天高く上げる。そこを身長よりもはるかに高い波が襲う。ヒクソンの姿は、完全に波に呑まれて見えなくなった。

波が過ぎるとヒクソンは再び岩へとよじ登る。そして、また波の中に消える。4度、5度とヒクソンは、波に呑まれながらの岩登りを繰り返した。

ふと気づくと、2人の白人男性が私の隣に立っていた。彼らはセーフガードだった。そして私に言った。

「駄目じゃないか。あんな所まで泳がせちゃ。危険だぞ」

どうやら彼らは、私たちがヒクソンの撮影をしていたことを理解していたらしい。オレンジ色のライフジャケットを上半身に装着していた２人は、海に向かって歩き出した。そして急に足を止める。

ヒクソンが、こちらに向かって泳ぎ始めたからだった。沖へ出る時は、かなりの時間をかけて泳いでいたが、帰りは波に押されたせいだろうか、意外なほど早く波打ち際まで戻ってきた。

「危ないじゃないですか。やめてくださいよ。あんな所まで、この波の中で泳いでいくのは」

セーフガードの男が、砂浜を歩き始めたヒクソンに、そう話している。

ヒクソンは笑っていた。

「大丈夫さ、ここは俺の庭みたいなものなのだから」

ふと私は視線をヒクソンの足に向けた。

僅かではあるが臑《すね》の辺りから血が滲み、それが少したれている。岩か何かで足を擦り剝いたのだろう。

「危ないんですよ。ここは波も高いし、そのうえ岩だらけなんだから。だから、ここでは皆、泳がないんですよ。いつも言っていますけど」

どうやら、そう話すセーフガードの男とヒクソンは顔見知りのようだった。

ヒクソンは笑いながら、

「大丈夫さ」

と面倒臭そうに、もう一度言った。

その後に私の方を向いてヒクソンは笑いながら言った。

「いつものことさ。こんなのは怪我じゃない。これくらいは日常のことだから心配されても困るよ」

自然を好み、その中でも水を好む。

ナチュラルなものが一番だ、は彼の口癖でもある。

「我々人間は誰でも、どこかで暮らすことになるのだが、ならば私は、水の傍《そば》で生活したいと考えている。海岸沿いの街に住むのであれば海の近くであり、山の中で暮らすのであれば川の近くにいたいとずっと思っているんだ。

いま住んでいる場所を決めたのも、近くに海があったからだよ。

ブラジルにいた頃は、常にそうだったからね。海の傍でずっと過ごしていた」

ヒクソンは時間があればビーチに出て、また自宅のプールでもよく泳ぐ。水と戯《たわむ》れるのが大好きなのだ。泳ぐことが肉体のバランス強化に多大に役立つことは、いまや広く知られているが、戦場でのヒクソンのバランス感覚は抜群だ。では、あのグラウンドでの目を見張らされる体重移動の巧みさは、泳ぐことによって、その礎が築かれているのだろうか。

そのことを帰りの車中で問うと、ヒクソンは首を振った。

「ちょっと違うね」

そして続けた。

「私は水の中に入って泳ぐことが大好きだ。でも、それは、肉体を鍛えるためにやっているのではない。水に接するということは、肉体的にどうの、バランス感覚がどうのということではない。もっとスピリチュアルなものだと私は考えている。水に浸ることで自然が持っている力、自然が持っている神秘……そういったものに触れることができるんだ。そのことこそが重要だと思っている」

「私はフェイクが嫌いだ」

「お腹が空いたな。ランチを食べよう」

そう言ってヒクソンはサンドウィッチハウスの駐車場にワゴン車を滑り込ませた。時計の針は午後2時に近づいていた。そこは、どうやらヒクソンの通いつけの店らしかった。

いつものを頼む、といった感じで、ウェイターに声をかける。十数分後にテーブルに出てきたのは、ボリューム満点のチキン&ビーフサンドウィッチだった。フライドポテトとサラダも添えられている。ヒクソンは無表情のまま、まずポテトを摘んで口に入れた。

彼の仕草を見ながら、私は以前にヒクソンの兄であるホリオンと、弟であるホイスから聞いた話を思い出していた。

「グレイシー・ダイエット」の話である。

ホリオンとホイスは口を揃えて言った。

「私たちグレイシーファミリーは皆、食生活にも十分な注意を払っている」と。

ホイスの説明によると、グレイシー・ダイエットとは次のようなものだった。

「炭水化物を多く含むもの、特に穀類を2種類以上、一緒に食べてはいけないんだ。たとえばライスとポテト、ヌードルとポテトという組み合わせでは食べない……これは基本だ。あと一日3食のうち2食はフルーツを食べ、一食だけ料理を食べる。でもフルーツを食べる時も一種類だけにしなければいけない。オレンジだったらオレンジだけを食べる。何個食べても構わないけどオレンジしか食べてはいけない。私は一食で、16個食べるね。細かくいえば、もっといろいろとあるけれど大体、そういう食事法なんだ。

食べてはいけないものも決まっている。ビーフやチキンは食べるけどポークは絶対に食べないとかね」

その食事法の根拠については、「解らないけど、父さんや兄さんたちも皆やっているし、そうすると胃が重くならないから気分がいいんだ」とのことだった。

ヒクソンにも、グレイシー・ダイエットについて聞いてみた。

「勿論、知っている。食事面にも私は十分に気を配るようにしている。アルコールは飲まないし煙草はやらない。それに食べ過ぎも良くない。期間を決めて体調を整えるために食事調整をすることはある。でも普段は肉でも魚でも何でも好きなものを食べているよ。特にフルーツは好きだね。まあ、基本さえ崩さなければ、食に関しては、それほどナーバスになる必要はないんじゃないかな」

そう話しながらヒクソンは、チキン&ビーフサンドウィッチを美味しそうに頬張っていた。

食事を終えてヒクソンの自宅に戻る。

リビングルームのソファに腰を下ろして、「さあ、何でも聞いてくれ」というようにヒクソンは私に視線を向けた。

まず、髙田との対戦を決めた理由について尋ねてみた。前田日明からも、また、それ以外の団体からもオファーは届いていたはずである。その中からなぜ、髙田との闘いを選んだのか?

「私は自分が、すでにチャレンジャーの立場にいないと思っている。だから誰かと闘いたいという強い欲求は持っていない。ただ私にチャレンジしたい、『お前よりも俺の方が強い』と言う者がいたならば闘うことは拒否しないつもりでいる。

でも、その場合でも条件がある。

私はフェイクが嫌いだ。だから、そのようなものにはかかわるつもりはない。そして闘いの場はニュートラルであることを求める。ルールはバーリ・トゥードだ。また闘いの舞台は、ビッグな会場、出場に価するイベントであることを求めたい。今回、KRSは、ファイトマネーも含めて私の条件を満たす提示をしてくれた。だからマエダよりもタカダに興味を持ったのではなく、プロのファイターとして闘うことを決意したんだ」

ヒクソンの言葉を、少し噛み砕いて説明しておく必要があるだろう。

リアルファイトを謳いながら、実はあらかじめ勝負が決められている試合というのは過去に幾つもあった。プロレスも、リアルファイトだと信じて観ている人が多かった時期もある。70年代、80年代に行われた異種格闘技戦も、ほとんどがそうである。

たとえば、76年2月6日、日本武道館で行われた異種格闘技戦シリーズ緒戦となるアントニオ猪木×ウィリエム・ルスカ戦。「オランダの赤鬼」と称されたルスカは、72年ミュンヘン五輪で93キロ超級、無差別級の両方で金メダリストとなった当時の柔道界最強の男である。この「プロレスVS柔道」の対決をリアルファイトだと信じて観ていた者も多かったが、実はそうではなかった。多額のファイトマネーと引き換えにルスカは負け役を引き受けていたのである。そのことは後にルスカの証言からも明らかになっている。

プロレスのリングで行われてきた異種格闘技戦は、そのほとんどがプロレスラーのステータスを引き上げるものであり、柔道家、ボクサー、キックボクサーらが負け役を演じていた。ファイトマネーと引き換えに競技者としての魂を売ったともいえる。ヒクソンのもとにも、そんなオファーが間接的に複数回届いていたが、当然のことながら、それらをすべて断っていた。「いくらお金を積まれても、それだけはやらない」というのが彼の信念だったのである。その姿勢は現役引退まで貫き通されている。

また、「闘いの場はニュートラルであることを求める」とは、敵の土俵には上がらないということだ。対戦相手の所属している団体のリングで闘うことはニュートラルではないという考え方である。当時でいえば、リングス所属の選手とリングスの興行で試合をする、或るいはパンクラスのリングでパンクラス所属の選手と闘うことは避けたいというわけだ。第三者であるプロモーターがつくり上げたイベントのリングで闘うことで中立性が保たれるという主張である。ただ、レフェリングの中立性が守られるならば、その限りではないともヒクソンは考えていた。

そして、「闘いの舞台は、ビッグな会場」であることにも、ヒクソンはこだわっていた。数万人単位の観客が集まる会場で闘いその試合がテレビ中継されることで自分をアピールでき、満足のいくファイトマネーを得られる。プロフェッショナルなファイターとして闘う以上は、それは当然のこと。そうでなければ、敢えて闘う必要はないとの主張を貫いた。

ルールについても尋ねた。

5分12ラウンド、インターバルは2分。オープンフィンガーグローブ着用。ロープブレイク、相手がダウンしている状態へのキック、脊椎への攻撃、目潰し、金的攻撃、頭突き、頭髪を掴むこと、オイル・ワセリンの使用、シューズ着用時のキック……これらはすべて禁止。加えてロープを故意に掴むことも禁じられる。この中で気になるのはラウンド制が導入されたことだが、と問うとヒクソンは言った。

「バーリ・トゥードというのは本来、ラウンド制など用いず、時間無制限で闘うものだ。だから本当は、時間無制限の闘いの方がいい。でもこれは、私とタカダ側が歩み寄って決めたことだから納得している。お互いに可能な限り譲り合うことも必要だろう。そうしないと試合が成立しない。それでも基本的にはバーリ・トゥードの原則は守られたルールになったと思っているよ」

1ラウンド5分というタイムリミットについては、どうなのだろうか。それと12ラウンドではなく、ラウンド数を無制限にしたいとは考えなかったのだろうか。

「5分が長いか短いかといえば、短いと思う。でも、時間無制限でも5分でも、考え方によっては同じことさ」

それは、髙田に勝つには5分もあれば十分という意味なのだろうか。その問いには答えず、ラウンド・ノーリミテッドというのも面白いな、と言って笑っていた。

だが対戦相手の髙田のことをヒクソンは甘く見ているわけでは決してなかった。髙田を、というよりは闘いを、である。その証拠に日本での記者会見を終えて帰国して以降、ヒクソンは道場での指導クラスを閉じ、自らのトレーニングに専念していた。闘いに対しては常に真摯《しんし》な姿勢を崩さない。

自らにかかっているプレッシャーを吐露したのは、彼の息子、長男ホクソンに話を向けた時だった。この時、ホクソンは15歳。ヒクソンから柔術の手解《ほど》きを受け、幾つかの大会にも出場していた。私は、息子に自分の後継者になってもらいたいと考えているのかと問うた。

少し考え込んだ後にヒクソンが口を開く。

「柔術はもうすでに教えているし、これからも教えていくつもりだ。おそらくホクソンは強い柔術ファイターになるだろう。だが、バーリ・トゥードをやるかどうかは自分で決めることだ。やりたければやればいいと思うし、そう思わなければやる必要はない。

柔術の試合とは違って、バーリ・トゥードのチャンピオンであり続けるということは凄くプレッシャーのかかることなんだ。プレッシャーを背負いながら生きていくことを息子に強制するつもりは、まったくない。

いまだって私は試合のことを考えない時はない。試合が決まれば、その時から、いかに完全な状態でリングに上がれるように持っていくか、そのことばかりを考えている」

そこまで話して、ふと我に返ったようにヒクソンは話すのを一度やめた。そして続ける。

「私はファイターだから、いつも死に直面している。だが不安は無い。私はリングの上では機械と化しているのだから。闘う時は、いつも自分自身を神に捧げているんだ。だから、それ以降の私のことは、すべて神が決めることなんだよ。神が私が勝つことが相応しいと思えば、私を勝利に導くだろうし、そうでないと思えば、私は、その試合を最後にリングを下りることになるだろう。もしかしたら人生を終えることになるかもしれない。私は、いつも自分を神に捧げて闘っているんだ。

バーリ・トゥードを始めた頃は、まだそういう気持ちになれていなかった。何時《いつ》からなのかは正確には思い出せないが、闘いを重ねていく中で徐々に、そういう気持ちが芽生えてきたんだ。それは闘いだけではなかったのかもしれない。何かに対して真剣に立ち向かう時には常に気持ちの中に恐怖がある。恐怖心を持つこと、恐怖に立ち向かうこと、恐怖を乗り越えて次のステップに向かうこと……そんなプロセスを何度も何度も繰り返すうちに自分のカラダは単なる機械に過ぎないと悟るようになった。大切なのは自分の精神であり、自分の霊であり、自分の人生の持ち主、つまりは神であると。

そういったことを考えていると常に闘いの中で自分は成長していけるのだと思う。知性のある者なら、恐怖は誰もが感じるものさ。だから私は、いつも死を覚悟して闘っている」

カリフォルニアの太陽が斜《かたむ》きかけていた。

私は最後に、ヒクソンにこう質問した。

ところで高田の試合のビデオは観たか、と。

「観たよ」

そう短く答える。

観た感想は？

そう問うと、しばらくの間、彼は黙っていた。その後、口を開く。

「相手の試合の映像があれば当然、観るよ。これはタカダと闘う際に限ったことではないが、私は、それは一度しか観ない。一度観るのは、相手の雰囲気を摑むためだ。でも、もう一度観ようとは思わない。それは必要以上の情報を得たくないからだ。

だって、そうだろう。私がビデオテープで観たことを当日の試合で相手が同じようにやってくるわけではない。だから自分の中に相手のファイトイメージを固定させることは得策ではないんだ。闘いにおいては、相手どうこうではない。どんな形で相手が仕掛けてこようとも、それに対応できることが大切。つまりは、自分の闘いができれば勝てる。そのことを信じるのみだ」

話を聞いた後、数秒間、私が黙っているとヒクソンが、「だけど……」と言った。

だけど、何？

そう問い返すと、かすかに笑みを浮かべて、言うべきかどうかを迷っているような感じで彼は話した。

「送られてきたビデオテープは、まったく参考にならない。なぜならば、すべてのファイトがフェイクだからだ」

その時、小動物が発するような「ふーむ」という声が聞こえた。

次男のクロンが私たちのいるリビングルームにやって来ていてソファで眠り、寝返りをうっていた。

私が何も話さないでいると、ヒクソンは言った。

「まあいいさ。私は誰が相手であろうと、プロのファイターとして最高のコンディションをつくって相手を全力で倒す。それだけだ」

有難う。今日は良い話が聞けた。10月11日を楽しみにしている。

そう言って私とカメラマン、映像スタッフが一斉に立ち上がると、クロンが目を覚ました。そしてヒクソンに近づいていく。ヒクソンはクロンを軽々と抱き上げて彼の頬にキスをした。

第2章

「プロレス体験者」

「期待」と「惜別」

ヒクソン×髙田戦は誰のための闘いだったのか?

従来の格闘技イベントの主催者は、私財を投じて道楽、あるいは慈善事業を行っているわけではない。稀《まれ》にそのような大会もあるが、日本でのビッグイベントでは有り得ない。イベント主催者は、まずは選手を確保し、そのうえでファンが望むカードを組む。と同時にスポンサーを募り、プロモーションも展開し収益をあげることを目的としている。選手たちもファイトマネーを得てリングに上がって闘う。それをファンが観て楽しむ。応援している選手が勝てば嬉しいし、もし敗れたとしても好勝負が展開された末のものであったなら、相手選手に惜しみない拍手を贈ることだろう。闘いから勇気を得ることもある。

『PRIDE.1』が開催される4年半前にスタートし人気を博していた立ち技格闘技K－1も基本的に、そのシステムでまわっていたし、会場にはスポーツライクな雰囲気が漂っていた。

でも、『PRIDE.1』に醸される空気は、そうではなかった。

幾つかの企業の集合体であったKRSももちろん慈善事業として『PRIDE.1』を開催したわけではない。そこで収益をあげる、或るいは、PRIDEシリーズを継続的に開催することで収益をあげることを基本的には目的としていたはずだ。でも、あの1997年10月11日に至る過程においては、スタッフの間に、「まずは、『PRIDE.1』を実現させなければならない」との強い意志が共有されていたように思う。極端にいえば、採算を度外視してでも絶対に実現させる、との熱い決意だ。

それは何のために？

「高田延彦を男にするために」である。

KRSは何としてもヒクソン×高田戦を実現したかった。それは高田にファイターとしての最高の舞台を用意してあげたかったからである。

後々、ヒクソンのファイトマネーが高額であることが大きな話題になる。1億円前後だといわれた。そのことが彼を絡ませた好カードの実現の障害ともなる。

では、どの段階でヒクソンのファイトマネーは高騰したのか？　それは『PRIDE.1』での高田戦である。修斗が主催する『バーリ・トゥード・ジャパンオープン』にヒクソンは、94年、95年と2年連続して参戦しトーナメント連覇を果たしているが、その時のファイトマネーは、それほど高額なものではなかった。にもかかわらず、KRSはヒクソン側の求めに応じ高額なファイトマネーの支払いを約束したのだ。それは、ヒクソン×高田戦を実現させるため、高田に最高の舞台を用意するためだった。KRSからは、従来の格闘技イベント主催者とは異なる「利益よりも大切なことがある」というこだわりが感じられた。

観る側にとっても『ＰＲＩＤＥ．１』には特別な意味があった。

チケットを買い、当日、東京ドームに足を運んだのは、ほとんどがプロレスファンだった。そして彼らは、普段のプロレス観戦とは異なる想いを抱いて東京ドームのゲートを潜《くぐ》り、席に座ってリングを注視した。それは独特な緊張感を伴うものだった。

今日で終わりなのか、そうではないのか。

「この闘いを見終わったら、20世紀も、もう終わっていい」

これは『ＰＲＩＤＥ．１』のポスター等に記されたフレーズだが、決して大袈裟なものではなかった。

プロレスラーは本当に強いのか、プロレス界を代表する男の一人である髙田延彦は、そのことを私たちの目の前で証明してくれるのか。

テーマはそこにある。それでもファンの想いは、「期待」と「惜別」に二分されていた。

「絶対に髙田は勝つ。誰が何と言おうと、この東京ドームの大観衆の前でヒクソンを倒し、勝利の雄叫びを上げ、俺たちの溜飲を下げてくれる」

そんな「期待」――。

一方で「惜別」を覚悟するファンもいた。

「信じてきたプロレスはリアルファイトではなかった。苛烈な環境で若き頃から闘い続けてきたヒクソンに、おそらくプロレスラーの髙田は勝てないだろう。それでも、この闘いから目を逸《そ》らすわけにはいかない。最後を見届けよう。そしてプロレスに別れを告げよう」

でも、そんな彼らにしても、心のどこかで髙田に、一縷《いちる》の望みを託してはいた。観続けてきた大好きなプロレスをできることなら信じたい、との想い——。

試合当日、私はオープニングセレモニー開始の3時間前に東京ドームに入った。まず、この日の試合を生中継する『パーフェクTV!』の関係者と打ち合わせをし、その後、雑誌の編集スタッフとミーティング。それを終えて、関係者と雑談を交わした後、フィールドに出てリングサイドに向かおうとしていた。

その時、背後から誰かが怒気を込めた声で私の名前を叫んだ。

「コンドー！」

立ち止まって振り向くと、その声の主であろう男が続けざまに叫ぶ。

「髙田は負けねえからな。いい加減なことばっかり言ってんじゃねえぞ。プロレスは強いんだ！」

視力があまり良くない私は、叫んでいる主が誰なのか特定できない。その時、私は眼鏡をかけていなかった。

でも、私が、そう怒声を浴びせられた理由は、すぐに思い当たった。

この試合の数日前に私は、CSチャンネル『FIGHTING TV サムライ』の「サムライニュース」という生番組に出演した。大先輩であるプロレス評論家の菊池孝さん、当時『週刊プロレス』（ベースボール・マガジン社）の編集長だった濱部良典さんも一緒だった。3人のディベート形式でヒクソン×高田戦の勝敗、そして、どのような展開になるかを予想するという企画で、まずは私たち3人に厚紙のボードとペンが渡された。そのボードに、どちらが勝つかの予想を書くのである。

「ヒクソンのTKO勝ち」

私は迷うことなく、ボードにペンを走らせた。

総合格闘家としての実力を比較すれば、どう考えてもヒクソンが上である。どのような展開になれば髙田が勝者となるのか……さまざまなパターンを考えてみても、それを具体的なイメージとして頭に浮かべることができなかった。それに、この日までに、幾つかの雑誌やラジオ番組、あるいは大会パンフレットに、ヒクソン×髙田戦の予想を話したり、書いたりしており、ことさら改めて考えることでもなかった。

90年代後半は、「プロレス側《サイド》の人間」「格闘技側《サイド》の人間」という言葉が、よくメディアにも用いられた。つまり、プロレスラーがアルティメット（総合格闘技のことを当時は、よく、そう呼んでいた）ルールの闘いに出場する場合、どちら側《サイド》から記事を書くか、発言をするかで、そう分けられていたのだと思う。それに当てはめるなら、元『ゴング格闘技』（日本スポーツ出版社）の編集長であった私が「格闘技側《サイド》の人間」で、菊池さんと濱部さんが「プロレス側《サイド》の人間」ということになる。だから予測できたことだったが、菊池さんと濱部さんは、「髙田の勝ち」と書いたボードを翳《かざ》していた。

彼らの展開予想としては、ヒクソンが寝業に持ち込む前に、髙田がハイキックなどの打撃を繰り出しKOで勝つというものだった。それに、日本で闘うという地の利もある。加えて、これまでにヒクソンが闘ってきた対戦相手を考えれば、いまの彼に対する評価は過大である、とのことだった。

私も見解を話した。

その時は、髙田がこれまでに一体、どれだけのリアルファイトを経験してきたのか……という点には触れなかった。ただ、総合格闘家として考えた時のキャリア、そしてレベルの違いについて話した。その後、司会者から、こう問われた。

「TKO……KOじゃなくてTKOと書かれていますが、具体的には、どのような形での決着になると予想されていますか？」

私は答えた。

「おそらくは早い段階でヒクソンがグラウンドの展開に持ち込むと思います。早ければ1ラウンド。もしかして、1ラウンド、2ラウンドが互いに距離を取り合って見合う展開になったとしても、3ラウンドまではヒクソンはグラウンドに髙田を引きずり込みます。ルール上、ロープブレイクは認められていませんし、寝業の時間制限もありません。ならば、ヒクソンはグレイシー柔術のテクニックを駆使してチョークスリーパーか、もしくは腕挫《ひし》ぎ十字固めを決めるのではと予想しています。

でも髙田にもファンの期待とプライドがあります。だから絶対にギブアップはしない。そのため『これ以上は無理だ、危険だ』とレフェリーが判断し試合をストップする。よってTKO決着になると思うんですよ」

勝敗予想は真逆だったが、「髙田は絶対にギブアップしない」という部分では菊池さんも同じ意見だった。

おそらく私に対して怒気を込めた声を浴びせた男は、この番組を観ていたのだ。いや、もしかすると別のメディアでの私の発言を観たり読んだりしていたのかもしれない。そして彼は、プロレスが大好きで、プロレスを守りたいとの想いを強く抱いていたのである。

金曜8時の『ワールドプロレスリング』

さて、あなたは、「プロレス体験者」だろうか？

私は、「プロレス体験者」である。

「プロレス体験者」とは実際にプロレスラーになりリングに上がって闘うことをいうのではない。

子どもの頃にプロレスに出会い魅《み》せられ、叶うことならプロレスラーになりたいと思い、プロレスラーこそが最強だと信じ、また、それはリアルファイト（真剣勝負）であり、それに対してアンチテーゼを唱える者からプロレスを守りたい……そう考えたことがある者が、「プロレス体験者」である。そして、おそらくは、この「プロレス体験者」は昭和生まれの者に限られる。なぜならば、平成時代に生まれた者が、物心がつきプロレスを観る頃には、「プロレスは真剣勝負かショーなのか」といった論争には終止符が打たれていたからである。

私がプロレスをテレビで観て魅せられたのは小学校低学年の時だった。当時、名古屋テレビ（テレビ朝日系列）で金曜夜8時に放送されていた『ワールドプロレスリング』である。

『ワールドプロレスリング』以外にも、中京テレビ（日本テレビ系列）で『全日本プロレス中継』、三重テレビで『国際プロレスアワー』（東京12チャンネルで制作）も放送されていたが、それらを観たのは、アントニオ猪木に魅せられた後である。

私が初めて観たプロレスは、76年2月6日、日本武道館で行われた『格闘技世界一決定戦』アントニオ猪木×ウィリエム・ルスカ戦ではなかったかと思う。この試合には前章でも触れた。それが生中継であったのか録画中継であったのかは解らない。なぜ、その試合を観たのかも思い出せない。ただこの試合を観た時にリングで躍動する猪木に魅せられ、それまでに経験したことのなかった熱さをカラダ中に感じたことは、いまでもハッキリと憶えている。

猪木に出会って以降、当時小学校低学年だった私の生活の中心は、プロレスになった。それは、一日中、プロレスのことを考えるようになったということである。

それから毎週、金曜夜8時には、14インチのブラウン管のテレビの前に正座をするようになった。猪木が、ジョニー・パワーズ、タイガー・ジェット・シン、スタン・ハンセンといった、いかにも狂暴で強そうな外国人レスラーを相手にタッグマッチ、シングルマッチで激闘を繰り広げる。実況担当アナウンサーが舟橋慶一から古舘伊知郎に代わっていく中で私のプロレスに対する熱は、さらに高まっていく。

私が小学校、中学校に通っていたのは、「ゆとり教育」が始まるずっと前のことで当然、土曜日も毎週登校していた。

すると土曜日は朝から、仲間同士での話題はプロレス一色になる。

「昨日の予告観たか？」

そう興奮気味にクラスの仲間が話しかけてくる。私の答えを待たずに仲間は話し続ける。

「MSG（マディソン・スクエア・ガーデン）タッグリーグ戦というのが開かれるらしいぞ。

これは（全日本プロレスの）最強タッグより凄いんじゃないか。猪木がボブ・バックランド（〝ニューヨークの帝王〟と呼ばれた当時のWWF世界ヘビー級チャンピオン）と組むらしいぞ。アンドレ（・ザ・ジャイアント）も来るし、それにハンセンは、（ハルク・）ホーガンとタッグを組む。豪華だよなあ、猪木組は優勝できるのか？」

あの頃、私たちは、何時間でも飽きることなくプロレスを話題にして話し続けることができた。猪木の強さについて、猪木の勇気について、プロレスの凄さについて、またマニアックな情報に至るまで。プロレスは、それほどまでに私たちを虜《とりこ》にする存在だったのである。

とはいえ、クラスの全員が毎週金曜夜8時に『ワールドプロレスリング』を観ていたわけではなかった。

強力な裏番組もあった。

『太陽にほえろ！』（日本テレビ系列）や、中学生に人気絶大だった『3年B組金八先生』（TBS系列）も金曜8時に放送されていたのである。

私は、それらの裏番組を一度も観たことがなかった。田原俊彦、近藤真彦、野村義男……〝たのきんトリオ〟と称されていた3人が出演する『3年B組金八先生』の話をクラスの仲の良かった女の子が私にしてくる。

「そんなもん観てんじゃねえよ。お前もプロレスを観ろよ」

何の疑いも持たず無神経に、そう口にしていたことを思い出す。

プロレスを観ることが最高の楽しみだった。プロレスこそが生活の中心だったのである。

だが、私が熱中しているプロレスに対して、否定的な意見を浴びせてくる者もいた。ストレートに言えば、プロレスを馬鹿にする者が少なくなかったのだ。

「プロレスなんて八百長じゃねえか。それを観て熱くなってるなんて馬鹿じゃねえの」

「プロレスはボクシングとは違って、スポーツじゃなくてショーなんだよ。どちらが勝つかは決まっていて、それを演じているって俺の親父が言ってたよ」

「だっておかしいだろう。なんでロープに振られた奴が、わざわざ返ってきて相手の技を受けるんだよ。返ってこなきゃいいじゃん」

「あの馬場のスローモーな動きを見たかよ。16文キックって馬場が蹴ってるんじゃなくて相手が当たりにいってるんじゃないかよ。あんな触れただけで倒れて何で3カウントを奪われるんだよ。やらせに決まっているよ」

「大体なあ、プロレスなんて観ている奴は頭が悪いんだよ。騙されやすいというか……」

そんな風に言われると、とてつもなく腹が立った。だから言い返す。

「大体、お前らちゃんとプロレスを観たことがあるのか。八百長だって親父が言っていたって？　自分の目でちゃんと確認しろよ。本当は、金八とかを観ててプロレスを直視したことなんかないいんだろう」

「それにな、お前らリングのロープを触ったことがあるのか。あれは、とてつもなく硬くて弾力性があるんだ。ロープに振られて、それを掴むことができなかったらカラダは嫌でもリバウンドするんだよ。ロープに触ったこともない、振られたこともないくせに知ったようなことを言うな！」

「16文って何センチか知っているか？ 知らないだろう。40センチだぞ。そんな大きな足にどれだけの破壊力が秘められているか解るか。動きが速いか遅いかは問題じゃない。そもそも16文の巨大さも解ってない奴がプロレスに文句を言うな！」

いま振り返れば、中学時代に私が言っていたことは無茶苦茶である。「ロープに触ったことがあるのか？」と問い質《ただ》しながら、私自身もそんな経験はない。16文の足裏に触れる衝撃など知る由もないのだ。ただ単に自分が大好きなプロレスを守りたかっただけなのだ。そこに冷静になってプロレスを検証しようという考えなど、まったくなかった。プロレスを馬鹿にすることで、プロレスに熱中する者をあざ笑う者を許せないという思いが先走っただけだったのかもしれない。

苦しみの中から立ちあがれ

「プロレス側《サイド》の人間」「格闘技側《サイド》の人間」と前に書いたが、学生当時、私は明らかに「プロレス側《サイド》の人間」だった。けれども、対極にあったのは「格闘技側《サイド》の人間」ではなく「世間の認識」だった。プロレスを擁護することで世間と闘っていたのだ。

そんな頃、衝撃的な書籍が2冊刊行される。いずれも著者はアントニオ猪木である。

『苦しみの中から立ちあがれ』（みき書房）

『勇気～炎のメッセージ～』（スポーツライフ社）

中学生時代、田舎で暮らしていたから歩いて行ける距離に書店は一軒もなかった。それでも、休みの日に電車に乗って書店へ行き、わずかな小遣いをはたいて、その本を手に入れ、貪るように読んだ。

それは刺激的な体験だった。

特に私を熱くさせたのは、『苦しみの中から立ちあがれ』だった。

「俺のような過激な生き方をしてみろ」

表紙にサブタイトル的に刻まれた言葉通り、全編にわたって猪木が刺激的な言葉で読者に語りかける。

「限界などない、あるのは限界を口ぐせにしている自分だけだ」

「燃えて燃えてカスすら残らないような生き方をしてみよ」

「しくじることを恐がって何かができるわけがない　真剣に生きている奴を嘲うな！」

「才能などというちっぽけなものにしがみつくな」

「敵が多くなる過激な生き方をとことんやってみよ『ざまあみやがれ』が俺を甦らせた」
「逃げない人生だから自分がある　一時の恥をのがれるために一生の恥を背負いこむな」
「安定だけの人生に冒険などあるものか　でかいものに挑戦する時の昂揚感を知れ!!」
「人に信じてもらおうなんて思うな　人目や世間体を気にするから何もできなくなるのだ」……。

挙げればきりがないのだが、熱いタイトルが並び、そこに猪木の実体験に基づいた熱いメッセージが綴られている。

この書が書かれたのは猪木が異種格闘技戦シリーズに一区切りをつけ、ＮＷＡ、ＡＷＡ、ＷＷＦなど世界中にあるすべての王座を統一して真のチャンピオンを決めるというＩＷＧＰ構想をぶち上げていた頃である。そして私が読んだのは、中学校卒業を間近に控えた時だった。上京し全寮制の男子校に進学することが決まっていた私に多大な勇気を与えてくれた。

プロレスを八百長だと言う人たちに対しても猪木は『苦しみの中で立ちあがれ』の中で、こう反論する。

〈私は、リングにあがって、自分を主張している。プロである以上、リングが私の言論の場だ。主張の場だ。

リングで暴れ、相手を攻めたり、攻められたりしながら、肉体の極限にチャレンジしている。

なのに、プロレスはやれ八百長だ、やれショーだ、打ち合わせがあるといわれる。そんなものはいっさいない。

自分を主張する場があるプロレスをそのようにボロクソにいわれることにがまんができなかった。

TV、雑誌などのインタビューに出ると決まって訊かれるのが、

「プロレスはショーか?」

という〝項目〟である。何て貧しい感性しか持ち合わせていない人たちなんだ。そのたびに、なさけなくなる。

うわべでしか、ものごとを判断できない人たちである。結果を知り、それで全てを理解できたと思い込む傲慢な人たちである。世の中には黒か白のどちらかしかないと決めつける貧弱なオツムの人たちである。

肉体をぎりぎりまで使い、その上で勝ち負けを決めるのがプロレスである。プロとは極限に挑む職業である。極限まで己れの体を使いきる時に、八百長ができるわけがない。ショーとして見せる余裕があるわけがない。

プロである以上、勝ち負けがあり、勝たねばならない。また、プロだからこそ、ただ勝つだけではファンに納得してもらえない。華麗に勝たねばならない。

この華麗さ故に、ショーといわれるのならプロスポーツは、全てショーである。アリのボクシングひとつとりあげても明白だ。〉

いま読み返せば、その主張が矛盾に満ちていることに気づくのだが、「プロレス側《サイド》の人間」だった当時の私は、心の中で「そうだ！」と叫んでいた。

高校に入学してからの3年間、私は将来、プロレスラーになりたいとの思いもあり、格闘技に触れようと柔道部に所属し、練習は真面目にやっていたが、勉強はほとんどしていなかった。でも3年生の夏休みが終われば大学受験のことも考えねばならない。それまで一度も受けたことのなかった模擬試験を、3年生の12月に初めて受ける。その結果が大学入試の1週間前に返ってきた。

予想外の結果だった。

志望校に対する合否判定はすべて「E」。

AからEまでの5段階に分けられていて、その最低ランクだ。隣のコメント欄には「志望校検討の余地あり」と記されていた。

愕然としたが、勉強など3年間、ほとんどやっていなかったのだから当然のことだ。その時、無意識のうちにレポート用紙の裏側にペンで、こう書きつけていた。

「限界などない、あるのは限界を口ぐせにしている自分だけだ」

感銘を受けた書『苦しみの中から立ちあがれ』の中にあったフレーズである。

その紙を机の前に貼り、そして誓った。

「猪木はプロレスが真剣勝負であることを証明するために世間と闘っているんだ。俺も受験ごときに負けるわけにはいかない」と。

それから1週間、私は一日2～3時間しか眠ることなく英語の勉強をした。その間に『試験にでる英単語』『試験にでる英熟語』（いずれも森一郎著、青春出版社）を類義語も含めて、すべて暗記した。私が人生を通して、もっとも真面目に勉強に取り組んだ時間である。そのためか30年以上も経過したいまでも、『試験にでる英単語』『試験にでる英熟語』の最初のフレーズは、すぐに思い出せる。「intellect（知性、知力）」と「up to（～の義務で、～に至るまで）」。

受験を終えて寮に戻り、48時間の眠りについた後、志望大学の合格を確認した。


小学生の時から高校を卒業するまで、日々の中心はプロレスだった。気がつくとプロレスのことばかりを考えている毎日だった。

だが、プロレスがリアルファイトであるかどうかを、まったく疑っていなかったわけではない。

そもそも、プロレスはシリーズが始まれば毎日のように試合が行われる。そんな状況下でリアルファイトをやり続けることができるものなのか。ボクサーが試合を行うのは数カ月に一度だ。それが毎日とは、どういうことなのか。

また、自分自身の柔道体験から、不信に思う場面もいくつかあった。たとえば、グラウンドでの攻防で一方の選手が相手の腕を抱えて腕挫ぎ十字固めを決めにかかるシーンがある。その時に腕が決められそうになったり防いだりすることが繰り返されるのだ。腕が行ったり来たりする。でも柔道をやっていると、そんなことは有り得なかった。

それに猪木は、「相手に9の力を発揮させて10の力で仕留める。それがプロレスだ」と言う。でも、リアルファイトで、そんなことが可能なのかどうかと考えた。柔道では、勝つために相手の長所を殺すのは鉄則だ。相手の力を最大限に引き出すなどという余裕が真剣勝負の場においてあるとは到底思えなかった。

それでもプロレスを信じたい気持ちは強かった。プロの世界では、私などが想像もできないことがあるのだと自分に言い聞かせていた。

大学に入学するとすぐに私は、スポーツ新聞、プロレス週刊誌の編集部を訪ねて回った。アルバイトスタッフとして採用してもらえないかと頼み込みに行ったのだ。ほとんどは門前払いよろしく断られたのだが、唯一『週刊ゴング』だけが私を受け入れてくれた。

そこから私は、本当の意味でプロレスを知ることになる。

私にプロレスとは何かを教えてくれたのは、現場での取材とスポーツ紙の記者やフリーで活躍していた社外の人たちだった。『週刊ゴング』の編集部内では、プロレスがリアルファイトか否かなどという話は一切出なかった。むしろ、そのことに触れづらい雰囲気があったのだ。

1年、2年と会場で取材を続け、流れを見ていく中でプロレスがリアルファイトでないことに確信を持つようになった。稀《まれ》にあらかじめ勝敗を決めることなく行われる「シュート」と呼ばれる試合も存在したし、時に決められていたストーリーが両者の感情のもつれなどから狂うこともある。でも、それは本当に稀で、ほとんどは、あらかじめ勝敗を決めたうえでプロレスは行われていた。だが、それは私を幻滅させることではなかった。そこにはプロレスならではの奥深さもあり、それは別の意味で興味深いものであったし、そして何よりもＵＷＦの存在が希望を持たせてくれたのである。

ＵＷＦへの熱き期待

ＵＷＦは、ユニバーサル・レスリング・フェデレーションの略称。旗揚げ戦は、84年4月11日、埼玉・大宮スケートセンター。メインエベントはエースの前田日明VSダッチ・マンテルのシングルマッチだった。

旗揚げ当時UWFは、まだ格闘技色の強い団体ではなかった。日本人選手としては、ラッシャー木村、剛竜馬、グラン浜田、マッハ隼人らが参加する新団体に過ぎず、また不可思議な船出をしたことの方が話題になっていた。猪木のマネジャー的役割を担っていた新間寿が代表を務める団体で、試合をフジテレビが放映するとも言われていた。後に猪木が新日本プロレスを離れてUWFに合流すると噂されてもいたのだ。だが結局のところ、UWFがフジテレビで放映されることはなかったし、猪木がUWFのリングに上がることもなかった。

UWFが格闘技色を前面に押し出すようになったのは、同年7月23、24日に後楽園ホールで開催された『UWF無限大記念日』に、かつてタイガーマスクとして新日本プロレスのリングで活躍した佐山聡が復活参加して以降だろう。後にスーパー・タイガーを名乗るようになるが、この時の佐山のリングネームは、ザ・タイガーだった。

オープニングシリーズの途中から参加していた藤原喜明と髙田延彦、そこに佐山とともにタイガージムでインストラクターを務めていた山崎一夫がUWFに加わる。その後〝カール・ゴッチの息子〟と呼ばれていた木戸修、ゴッチの娘婿であった空中正三《そらなかまさみ》も参加を表明した。ラッシャー木村、剛竜馬、グラン浜田の3人は、5月に開かれたシリーズを最後にUWFを去っており、大きく陣容が入れ替わっていく。これで前田、藤原をはじめ、カール・ゴッチを尊敬する男たちが集った形となる。そこからUWFは、ゴッチ流ストロングスタイルを実践していくことになったのだ。

ファイトスタイルは従来のプロレスとは大きく異なっていた。

まずロープワークが廃され、相手の技を簡単に受けるシーンが消える。主流となったのはキックを主体とする打撃技とグラウンドでのサブミッションの攻防。チキンウイング・アームロック、チキンウイング・フェイスロック、V1アームロック、V2アームロック、クロック・ヘッドシザース、ワキ固めという、それまでのプロレスのリングではほとんど見かけることのなかったフィニッシュホールドとなる関節技も登場する。そこにキックを主流とした打撃とスピードも加わった闘い模様は、観る者の目にシリアスに映った。

「いままでのプロレスはショー的な要素が多く、純粋な格闘技とは見られてこなかったが、UWFだけは本物だ」

そう叫ぶファンが増え、後楽園ホールは常に満員となった。

キックと関節技の応酬となるスーパー・タイガーVS藤原喜明、互いに迫力満点の打撃を繰り出す前田日明VSスーパー・タイガーは特に注目度が高く、それらの試合が多く行われた後楽園ホールは、いつしか「UWFの聖地」と呼ばれるようになる。

だが、UWFの闘いがリアルファイトであったかといえば、そうではなかった。根底にあるものはプロレスと同じで、あらかじめ勝敗を決めてのものだったのである。単に闘い模様を、よりシリアスに見えるものに変えたに過ぎなかった。

私が『週刊ゴング』の編集部に入ってすぐに、UWFは解散する。後楽園ホールは熱気に溢れていたとはいえ、地方の興行での客入りは決して良くなく、また、前田と佐山の関係が悪化したことも解散の原因の一つだっただろう。ここまでが「第1次UWF」または「旧UWF」と呼ばれている。

その後、前田、藤原、木戸、髙田、山崎の5人は「UWF軍」として新日本プロレスのリングに戻る。当時若手選手だった中野龍雄（現・巽耀《たつあき》）、宮戸《みやと》成夫《しげお》（現・優光《ゆうこう》）、安生洋二の3人も行動をともにした。新日本プロレスとUWFが業務提携をした形だ。

UWF軍は、85年12月6日、両国国技館大会で新日本プロレスのリングに上がり、88年3月に、そこを去る。

この間に伝説となっている喧嘩マッチ、アンドレ・ザ・ジャイアント×前田日明戦（86年4月29日、三重・津市体育館）が行われ、また、UWF軍が新日本のリングを去るきっかけとなった前田の長州顔面蹴撃事件（87年11月19日、後楽園ホール）が起こった。アンドレ×前田戦は録画ながらテレビ放映される予定だったが、それは中止され、また、前田－長州間の顔面蹴撃は6人タッグマッチ（前田日明&木戸修&髙田延彦VS長州力&マサ斎藤&ヒロ斉藤）の最中に生じたのだが、当然混乱を招く。この時は髙田が要所で機転を利かしてサッとリングに飛び出しフォールされることで試合を成立させている。

そして、いよいよ新生UWFの誕生となる。

前田、高田、山崎らUWF戦士は、旧UWF時代とは比べものにならないほどに知名度を上げていた。この頃はまだ『ワールドプロレスリング』が金曜夜8時にテレビ朝日系列で全国放送されていたから、新日本のリングにおけるUWFのラジカルなファイトは多くのファンの支持を集めていたのだ。

新生UWFの旗揚げ戦は、88年5月12日に後楽園ホールで行われたが、チケットが前売り発売初日に完売するなど異常な盛り上がりを見せた。闘いのスタイルも、キックなどの打撃とサブミッションが中心、相手の技を容易に受けることを廃したもので、この部分は旧UWFを踏襲していた。加えて興行スタイルにおいても従来のプロレスとは一線を画す。シリーズ巡業形式ではなく、試合は月に1回。

そうすることにより、妥協のない闘いをリングで繰り広げていることを強調した。

この頃になると私は、『週刊ゴング』から『ゴング格闘技』へと編集部を移っていた。『ゴング格闘技』は86年10月に創刊されるのだが、その準備段階から加わった。格闘技全般を扱う雑誌ではあったが、メインは、やはりUWFで創刊号の表紙は前田日明だった。また、88年5月から『週刊ゴング』のシリーズ増刊として『格闘技UWF』もスタートするのだが、その編集も兼務した。

私は新生UWFに大きな期待を寄せていた。新生UWFもリング上でリアルファイトを繰り広げていたわけではない。それでも、ＵＷＦにはプロレスをリアルファイト化させる可能性が秘められていると感じていたからだ。当時、ＵＷＦの道場は東京・世田谷区の大蔵にあった。小田急線の成城学園前駅からタクシーでワンメーター、もしくはツーメーターの距離だったが、88、89年頃、ほぼ毎日のように、そこに通い取材をしていた。

ＵＷＦのリアルファイト化については、『ゴング格闘技』で毎月のように煽った。実際に道場で行われている練習を見ていると、リアルファイト化は、それほど難しいことではなく、すぐに実現できることのように私には思えたのだ。これにスポーツジャーナリストの二宮清純さんも同調してくれて、毎月のようにＵＷＦに関する記事を『ゴング格闘技』に寄せてくれた。幾度となく酒を飲みながら話したが、二宮さんも私と同じ想いを抱いていた。

当時の、創刊から数年間の『ゴング格闘技』が、キックボクシングや極真カラテと並べてリアルファイトではないＵＷＦを扱っていたことに対して、揶揄されることもある。でも、あの頃の私たちは、ＵＷＦがリアルファイトではないことを知らずに報じていたわけでも、知っていて確信犯的に扱っていたわけでもない。「ＵＷＦのリアルファイト化」をファンの熱そのままに、どうすれば実現できるかと真剣に考えて同誌を編んでいたのだ。

だが結局のところ、ＵＷＦのリアルファイト化は実現されなかった。90年12月1日、長野・松本運動公園体育館での大会を最後に、新生ＵＷＦも解散してしまう。

私は虚脱感に見舞われた。

そして一度、プロレス界、格闘技界から離れる決意をする。まだ20代前半だったが、『ゴング格闘技』の編集長を辞め、米国へと旅立ったのだ。もし、その後の93年秋に『ＵＦＣ（アルティメット・ファイティング・チャンピオンシップ）』が開催されることがなかったら、グレイシー一族の存在を知らずにいたなら、私が再び格闘技界に取材者として戻ってくることはなかっただろう。

『流血の魔術　最強の演技　すべてのプロレスはショーである』という書を、元新日本プロレスレフェリーのミスター高橋が著し世に出したのは、２００１年12月のこと。『ＰＲＩＤＥ.１』でヒクソン×高田戦が行われた約4年後ということになる。

この時期になると大方のファンが、プロレスはリアルファイトではないとの認識を持っていたとはいえ、リングの真っ只中に長年いた名レフェリーが、「プロレスはショーである」と告発したのである。この衝撃は大きかった。

この書が世に出たこと自体は、私は良かったと思っている。モヤモヤ感は消したい。それをスッキリさせてくれた。でも心のどこかに妙な引っ掛かりをおぼえる。「プロレスは八百長だ」というステレオタイプの声に対しては、どうしても同調できない部分があったのである。

その直後に私は当時、編集長を務めていた『K－F·i l e s（K－ファイル）』特別編集号（アスキー）の中で座談会を企画した。ミスター高橋が著した暴露本に対して、プロレスを長年見続けてきた者の想いをぶつけ合いたいと思ったからだ。漫画家の板垣恵介氏、猿渡哲也氏、評論家の鈴木邦男氏、元『週刊プロレス』編集長のターザン山本氏、元UWF戦士の宮戸優光氏、そして私の6人で4時間近く語り合った。

その中で私の心に響いたのは宮戸氏の、こんな言葉だった。

「この本は高橋さんの主観で書かれたものです。でも、それがプロレスの100パーセントだと思われることが私は嫌なんです。だって違うんですよ。そうじゃないんですよ」

この座談会で私と彼の意見は対立していたのだが、そう言いたい気持ちがよく理解できた。

彼は、こうも言った。

「自分はUWFの道場でシュート以外の練習をやったことがないんですよ」

その通りである。私も『週刊ゴング』の記者時代、新日本プロレス、UWFの道場での練習風景を数限りなく見てきた。「決めっこ」と呼ばれるグラウンドレスリングを中心に彼らは強くなるためにハードなトレーニングを日々、続けていたのだ。強くなければ生き残れない。それがプロレス界の掟でもあった。

それだけではない。UWF軍が参戦していた当時、新日本プロレスの会場に取材へ行くと、そこには独特な緊張感が漂っていた。試合開始は18時。その3時間前に会場に着くとUWF軍がリングを使って練習をしている。「バコーン！　バコーン！」というキックミットを蹴る音が、開場前の館内に響きわたる。その後に新日本プロレスの選手たちが練習を始める。互いに交わることはない。プロレスの枠の中であったにしても、「いつでもやってやるぞ」という緊張感が、そこには確実に存在していた。

だが訝《いぶか》しいのは、それがリング上の闘いに直接的に反映されていなかったことである。UFCをはじめとする総合格闘技の舞台で繰り広げられているのはリアルファイトだ。プロレスはそうではない。

私はヒクソン×髙田戦の前に、こう言い続けていた。

「長年、リアルファイトを闘い抜いてきたヒクソンと、そうではない髙田にはファイターとしての大きな実力差が生じている」と。

それでもプロレスを真剣に見たこともない人が、「プロレスなんて八百長なんでしょ。だから弱いんだ」などと軽口を叩くと、とてつもなく腹が立つ。プロレスラーがプロレスラーであるための努力を知らない奴に、そんな風に言ってもらいたくないと強く思うのだ。そして、「プロレスを馬鹿にするなよ！」と怒気を込めて言いたくなってしまう。

矛盾していることは解っている。

私はプロレスが好きだった。そしてプロレスがリアルファイトか否かを知りたかった。その答えを知ったうえで嘘をついてまでプロレスを守りたいとは思わない。それでも、プロレスラーの中には強くなるために道場で血が滲むような努力を続けていた者も多くいる。この事実だけは、きちんと伝えたいのだ。プロレスはリアルファイトではなかったが、単なるフェイクではなく、もっと奥深いものなのである。

これは、長年プロレスを観続けてきた者にとって共有できる想いではなかったか。私は、『週刊ゴング』の編集部に18歳で入り、直《じか》にプロレスと接する機会を得た。それにより、さまざまなことを知り考えるところはあった。とはいえ、想いは同世代のプロレスを観続けてきた者と同じだっただろう。

「期待」と「惜別」。

これも、実は根っこでは同じなのだ。

ヒクソン×髙田戦は誰のための闘いだったのか？

「プロレス体験者」のための闘いだったのである。

第3章

1988 リオ・デ・ジャネイロ

格闘技はスポーツではない

「センス自体が、生まれつきのものであるか、それとも後天的なものなのかを判断するのは難しいだろう。生まれ持つ才能というのは格闘家に限らず存在する。だが、その才能が発揮されるかどうか、そこにセンスがかかわってくるんじゃないかと私は考える。つまり、センスは育つ環境がつくり出すものでもあるんだ」

15年近く前のことだが、私はファイターにおける才能（センス）について長時間、ヒクソンと話した。その時、彼はさらにこう続けた。

「ファイターであるために、また真のファイターであり続けるために一番大切なことは、自分が何者であるかを常に考え続けることだ。自分自身を知ることからすべてが始まると私は信じている。

自分は闘いたいのか否か、闘って何ができるのかできないのか、いま闘うべきなのかそうではないのかを考え、答えを導くというシンプルなことが非常に重要なんだ。人間が生きている時間には限りがある。もしかすると数時間後に何かしらの理由で死を迎えることになるかもしれないのだから自分の意思を私は最大限に尊重している。もし、生活のためにと、やりたくもない仕事に就いたとする。仕事だから決まった時間には出社しなければいけないし、数時間を拘束されることになる。そんな自発性を無視した、義務感だけに縛られた状態で、闘いに挑むことはとてもできない。そこで良い結果が得られるはずもない。だから、真のファイターでありたいなら、闘うことの意味を常に自分に問わなければならない。まあ、ファイターには誰だってなれるのさ。フィジカルを鍛えて、テクニックを身につけていけば、それはそれで、そこそこ闘えるだろう。でも、そこそこだ。ファイトを金儲けのためだけのものと考えるのであれば、それでもいいだろう。しかし、闘いを自らの尊厳を懸けて行うものだと思うのであれば、つまり真のファイターでありたいならば、それだけでは十分ではない。センスが必要であるとすれば、それはフィジカルやテクニックの面ではない。むしろスピリットにこそセンスは必要とされるだろう。これはアスリート全般ではなくファイターに限った話になるのかもしれないが……」

格闘技というのはスポーツにおいても特異なジャンルである。野球、サッカー、バスケットボール、あるいは陸上競技の選手などとは求められるセンスが同じではない。そのことを私が話すとヒクソンは言った。

「その通りだ。(アメリカン) フットボールでも、サッカー、バスケットボールであっても、時には暴力的なシーンが見られることがある。でも、それは格闘技が持つ性質とは根本的に異なる。

私は、これまでに格闘技を純然たるスポーツであると考えたことは一度もないんだ。バスケットボール、フットボール、ホッケーも、それらはすべて相手チームと競い勝つことを目的としているが、闘う相手を傷つけることを目的としてはいない。だが、格闘技は殺戮本能に根ざしている。それはすなわち、闘う自分が死に直面していると常に考える必要があるか無いかの違いだ。

スポーツは自分を他人と競わせるものだろう。逆に格闘技は、競い合ってはいけない。競い合おうとすれば行くべき方向を間違えてしまう。他人と競うものではなく、常に自分自身を見つめるものなんだ。

いま自分がやっていることが正しいのか正しくないのか。いま自分は楽しいのか楽しくないのか、そんな人間が生きるうえでの根本的なことを常に考えることが大切なんだ。私は、そうしてきた。強靭な肉体とずば抜けた運動能力を身につけていたならば、その者は、おそらくは大抵のスポーツで成功を収めることができるだろう。でも、格闘技だけは、そうはいかない」

一つ注釈を入れる必要がある。

ヒクソンが言う格闘技とは、バーリ・トゥード（ルールを極限にまで廃した、ノールールに近い闘い）のことである。柔道、レスリング、ボクシングなどの一般的に格闘技と区分されるものを直接的に指すわけではない。

ウゴとのビーチファイト

昭和末期の1988年。ソウル五輪が開催されたこの年、日本はバブル期の真っ只中にあった。格闘技界では、第2次UWFがスタートし、大人気を博する。髙田延彦は、前田日明に次ぐスター選手としてリング上で声援を浴びていた。

その頃、ヒクソンは日本から見て地球の裏側にあるブラジルのリオ・デ・ジャネイロでストリートファイトに明け暮れていた。

80年、米国、カナダ、西ドイツ、日本などがボイコットする中、モスクワ五輪が開かれた年にヒクソンは21歳でプロデビューを果たした。父エリオの反対を押し切って、かなりの体重差のある相手レイ・ズールとバーリ・トゥードで闘う。ズールは、レスリング、ルタ・リーブリでキャリアを積んでおり、192センチ、100キロの体格を誇る選手だった。この一戦は激闘となるもヒクソンが勝利を収める。以降、ヒクソンは、ブラジル格闘技界において知らぬ者のいない大きな存在となった。そして4年後の84年、ロスアンジェルス五輪が開かれた年にズールと再戦し、ここでも勝利した。

そんなヒクソンに対して敵意を持つ者が少なくなかった。特にグレイシー柔術と敵対していたルタ・リーブリ勢は、ヒクソンをつけ狙っていたという。だから、街なかで喧嘩になることもよくあったが、ヒクソンはそれを受け続け、一度も負けることはなかった。

88年初頭に、柔術家のピン・ドゥーカンが、ルタ・リーブリの代表選手であるマルコ・ファスとバーリ・トゥードで闘った。結果は引き分けとなるが、試合後にマルコは、こう言った。

「今日の試合も、時間制限が無ければ俺が勝っていただろう。俺だったらグレイシー一族のファイターが相手でも勝てる。ヒクソンとやったって俺が勝つ。でもヒクソンは俺を怖がっているから闘いたがらないだろう」

それを聞いてヒクソンは思った。

(闘ってやろうじゃないか)と。

この試合から4日後、ヒクソンは、父エリオ、弟ホイラーらとともにマルコ・ファスがトレーニングを積んでいたルタ・リーブリのアカデミーを訪れる。そこには、マルコ・ファスだけではなく彼を指導しているデニューソンもいた。

ヒクソンはマルコの前へ行って言った。

「俺と闘いたいと言っているらしいじゃないか」

マルコは何も言葉を発さず小さく頷いた。

「よしわかった。ここでいい。いまから闘おう」

ヒクソンがそう言うとデニューソンが間に入った。

「ちょっと待ってくれ。そんなに急がなくてもいいじゃないか」

その間、マルコは困ったような表情を浮かべてうつむいていたという。

ヒクソンが振り返る。

「マルコは決して好戦的な態度をとらなかった。もしかすると、『ヒクソンが俺を怖がっている』というのは周囲に言わされていたのかもしれないと思ったよ」

結局のところ、その場ではエリオとデニューソンが話し合った。

「こうなった以上は闘うしかない」

そうエリオが言うと、デニューソンも「わかった」と答える。

「じゃあ、日時と場所を決めてくれ。俺たちは何時《いつ》でも闘う。それに、マルコ・ファス以外にもグレイシーと闘いたいという者がいるのであれば、そのリストもつくっておいて欲しい。一族をあげてやる準備がある」

エリオがそう話して帰ろうとした。

その時だった。ヒクソンは背中越しに「俺がやってやるよ」という声を聞く。

エリオとデニューソンの会話を、アカデミーの隅で偉そうな態度で聞いていた背の高い男が声の主で、それがウゴ・デュアルチだった。後にUFCやPRIDEにも出場するほどの実力派ファイターとなる男である。

ヒクソンはきびすを返し、ウゴの前へ歩み寄る。そして言った。

「よし、いまからここでやろうじゃないか」

デニューソン、ホイラーが2人の間に割って入った。

「ここじゃない。スポンサーを募って大会を開いて皆の前でぶちのめしてやる」

ウゴは、ヒクソンに対してそう言った。

しかし、この時点でウゴは無名の選手だった。ヒクソンVSマルコならともかく、ヒクソンの相手がウゴではスポンサーを集めることも難しかっただろう。

ヒクソンは殴りかかって闘いを始めてしまおうかとも考えたが、それをエリオが止めた。

デニューソンは言った。

「今日のところは帰ってくれ。日時と場所を決めてこちらから連絡するから」と。

ヒクソンたちは連絡を待った。

だが1週間を過ぎても、2週間を過ぎても、連絡は来なかった。

おそらくは、ルタ・リーブリ側が吹聴したのだろう。ウゴがヒクソンに喧嘩を売ったという話は広がっていた。

実は、この時、ヒクソンには時間が無かった。

2カ月後にはリオ・デ・ジャネイロを離れて兄のホリオンがいる米国カリフォルニア州トーランスへ行き、長期間滞在することが決まっていたのだ。ホリオンはグレイシー柔術を普及させるために米国に拠点を構えた。自らの家のガレージに道場を開いていた。そこでグレイシー柔術の強さを証明するために挑戦者を募っており、それを迎え討つのがヒクソンの役目だった。

周りの仲間たちはヒクソンに言った。

「ウゴは喧嘩を売って評判を取りたいだけだ。このままお前がアメリカに旅立ったら、ヒクソンは俺から逃げたと吹聴するつもりなんだ」

ヒクソンは早期にウゴと決着をつけなければならないと思った。ホイラーを含めヒクソンの周辺の人間たちは皆でウゴの居場所を探した。

そして、ある土曜日の午後、仲間からヒクソンに連絡が入る。

「ウゴが、コパカバーナ近くのビーチにいる」と。

ヒクソンは10人ほどの仲間とともに、そのビーチに向かう。ヒクソンが向かっていることはウゴも察知していて仲間を集めて待ち構えていた。

ビーチには多くの人がいた。

だが、そんなことはお構いなしにヒクソンはウゴに言った。

「やっと見つけたよ。ここでやろうじゃないか。一対一の闘いだ。皆、手を出すなよ」

ウゴも左手で仲間たちに「手を出すな」と指示した。

誰が開始の合図を告げたわけでもない。ヒクソンとウゴは互いに前進し組み合い、ビーチの上に転がり込んだ。ビーチにいた人たちが、「何が始まったのか」と集まってくる。

だが闘いの決着がつくまでに大した時間はかからなかった。

砂の上を転がりながら上のポジションを奪ったヒクソンは、ひたすらウゴの顔面を殴り続ける。

「誰が最強だ、言ってみろ！」

そう叫びながらヒクソンは拳を叩き込んでいた。耐えられずにウゴは負けを認めた。

ヒクソンは闘いの最中は容赦しないが、闘い終えて負けを認めた相手に対しては寛大だ。声をかけてウゴを誘い2人で海に入って血を流した。

いろいろとあったがヒクソンはウゴと握手をしてもいいかと思った。だが、ウゴはそうではなかった。

「今日の闘いは納得がいかない。こんなビーチでなければ俺は負けなかった」

そう言うウゴに対してヒクソンは言った。

「じゃあここで、もう一度やるか」

ウゴは、「今日はやらない」と言い残して仲間たちと帰っていった。

その時は、俺はお前たちを殺す

それから1週間が経った。

ウゴとのファイトで傷めた拳が癒やされ、平静な日々を取り戻していた頃のことだった。ヒクソンは午前中の練習を終えて、仲間の家で昼寝をしていた。その時、誰かが自分の名を呼ぶ声が聞こえた。

「ヒクソン、ヒクソン」

目をこすりながら起き上がり窓を開けて下を見ると、バイクに跨《また が》った仲間がいて叫んでいる。

「大変だ！　ウゴの奴がアカデミーに大勢の仲間と一緒に来ている。ヒクソンと闘わせろと言っているんだ」

ヒクソンはパンツ一丁のまま部屋を飛び出した。髪の毛もボサボサのままだった。仲間が運転するバイクに跳び跨って、急いでグレイシー・ウマイタ（グレイシー柔術の本部道場）へと向かった。

ヒクソンが着くと、アカデミーの周りには500人ほどの人だかりができていた。尋常な雰囲気ではなかった。そのうちの40、50人はファイターたちだったが、それ以外はギャングと野次馬である。スカーフを顔に巻き、目の部分だけを切り開けている者も大勢いた。銃を持っている者も何人もいる。

ヒクソンは人混みをかきわけるようにしてアカデミーに入っていく。門を潜《くぐ》り階段を上りかけたところでウゴと鉢合わせになった。

ウゴは上から睨みつけるようにしてヒクソンに言った。

「待ってたぞ。お前と闘いに来たんだ。今日こそ俺が勝って、決着をつけてやる」

ヒクソンは鋭い視線を向けてウゴに言った。

「来い！」

そしてアカデミーの外にある広い駐車場へ連れていく。

ヒクソンは異常な雰囲気を警戒した。

ウゴと闘うのはいい。でも、これだけの人数がいて、その中には銃を持っている者もいるとなれば、死人が出るような大変な事態にもなりかねない、と思ったのだ。

駐車場の隅にウゴを連れていったヒクソンは一緒に来ていたデニューソンとエウジーニョ・タデウ（ルタ・リーブリの選手）を呼び寄せた。すぐにエリオとホイラーが加わる。

そこでヒクソンは強い口調でルタ・リーブリ側の3人に向かって言った。

「ウゴが闘いたいというのなら、この場で挑戦を受けよう。だが、もしこの現場がコントロールできないような状況になったら、その時は、俺はお前たちを殺す。いいな、必ず探し出して殺すぞ。俺とウゴの闘いに絶対に誰にも手を出させるな！　そして、この場で誰にも銃を使わせるな！」

黙って聞いていたウゴたちは、「わかった」と答えた。

群衆が取り囲む中、そのアカデミー横の駐車場でヒクソンとウゴは闘った。

晴れていて、とても暑い日だった。ヒクソンもウゴも額に薄っすらと汗を浮かべている。先に動いたのはウゴだった。いきなり殴りかかるが、その動きにヒクソンがカウンターで胴タックルを決める。一発でテイクダウンに成功したヒクソンは、そのままマウントポジションを得ていた。

一週間前のビーチでの闘いと同じようにヒクソンは拳をウゴの顔面に落としていく。ウゴはパンチを防ごうとしてヒクソンの胴体に抱きついた。

叫び続ける者はいたが、誰も闘いに対して手を出す者はいない。エリオとデニューソンは静かに2人の闘いを見守っていた。

胴体に抱きつかれたヒクソンは、すぐさま攻撃に出る。それは非情な攻めだった。ウゴの頭部を持ち上げて、そのまま後頭部を地面に叩きつけたのである。リングなら下はマットだが、ストリートではコンクリートだ。多大なダメージを負ったウゴは、ヒクソンの胴体から手を放す。するとヒクソンは間髪を容れず顔面に拳を叩き込んだ。2発、3発、4発、5発と見舞っていく。ウゴはタップをして負けを認めた。ストリートファイトだから正確なタイムは残っていない。ただビーチでのファイトよりも早い、わずか2、3分での決着だった。

ヒクソンがウゴに勝った後、もう一つ騒動が起こった。すぐ近くでホイラーとエウジーニョがいまにもつかみ合わんばかりの表情で睨み合い、何かを怒鳴り合っていた。

その時である。ダダダダダダダダ……と激しい銃声が響いた。と同時にヒクソンとウゴを取り囲んでいた者たちが散っていった。警官が駆けつけて空に向かって発砲したのである。これがヒクソンにとってのリオ・デ・ジャネイロでの最後のストリートファイトとなった。

ホリオン・グレイシーの挑戦

ウゴを倒し、ルタ・リーブリとの抗争に決着をつけた後、ヒクソンはカリフォルニア州ロスアンジェルス近郊に移り住む。ここでは、ストリートファイトは、ほとんどやっていない。

「一度だけあったかな。でも、それは大したファイトではなかった。カラダの大きいタフな男が相手だったが、アッサリと私が勝ったよ」

ヒクソンは、そう話していた。

ストリートファイトの機会はなくなった。しかし、その代わりに数え切れないほどの「チャレンジマッチ」をヒクソンは、この街で闘うことになる。

ヒクソンの兄であり、グレイシー兄弟の長男ホリオン・グレイシーは、80年代後半に、すでに米国に移住していた。大学を卒業し、その後、法律学校にも通い弁護士の資格も取得していた彼には、ブラジル国内だけではなく米国にもグレイシー柔術を広めるという夢があった。ロスアンジェルス近郊の街ハモサビーチに部屋を借り、その建物のガレージに道場をつくっていたのだ。

だが、道場生を集めるのは簡単ではなかった。何しろ、グレイシーの名はリオ・デ・ジャネイロでは知られていたとはいえ、米国では、誰も知らない。周囲には空手やテコンドーの道場があり流行っていたが、ホリオンのもとを訪れる者はほとんどいなかった。

ホリオンは振り返る。

「最初は道場と呼べるようなものではなかった。借りた家のガレージにマットを敷いて練習を始めたんだ。手書きでつくったチラシを配ったり、街で出会った人に声をかけたりしているうちに道場生は少しずつ増えてはいったが、その数は少なかった。柔術を教えるだけでは生活ができなかったんだ。だから夜はレストランで皿洗い、昼間は俳優や女優といった金持ちの家の清掃のアルバイトもやったよ」

本当は柔術を教えることだけで生活をしたい。そうでなければ、グレイシー柔術を全米に広めることなどできないだろう。でも生活することを考えるとそうはいかない。悩み続けていたホリオンに、ある時、良いアイディアが浮かんだ。それはカラダがガッチリとした一人の男がガレージにやって来た時のことだった。

入門希望者かもしれない。ホリオンは、そう思い笑顔で応対した。だが、そうではなかった。

男はランファ・アレグリアという名のキックボクサーで、ホリオンに向かって揶揄《からか》いの笑みを浮かべながら、こう言った。

「グレイシー柔術って何だい？　マーシャルアーツの一種かい？」

最初、ホリオンはグレイシー柔術について真面目に説明していたが、相手は真剣に聞こうとはしていなかった。それに気づいてホリオンは言った。

「じゃあ、ここで闘ってみようか。そうすればグレイシー柔術とは一体何かを、よく理解してもらえると思う」

相手の男は、「面白いね」と言って椅子から立ち上がった。そして、ホリオンにこう質問した。

「俺は今日、ボクシンググローブを持ってきていない。ということは、素手の拳であなたの顔を殴りつけることになるが、それでもいいか？」

ホリオンは「ＯＫだ」と答える。

すると、こうも言った。

「後で訴訟を起こされても困るから、『怪我をしても一切の文句は言わない』と一筆書いて欲しい」

近くにあった紙切れに簡単な取り決め文を書き互いにサインをすることを提案する。弁護士の資格を持つホリオンにとって、簡単な誓約書をつくるのは、お手のものだった。

それからは2人は上半身裸になって闘った。

体格的には相手の方が優っていたが、ホリオンは十分に勝つ自信を持っていた。

まず相手が右ローキックを蹴ってきた。それをホリオンがかわすと、相手は続けざまに右のパンチを放った後、左ミドルキックを繰り出してくる。そこをホリオンは見逃さず、タックルに入り寝業へと持ち込んだ。相手はキックボクサーであり、グラウンドでの攻防には慣れていない。マウントポジションを奪ったホリオンは素手で顔面を殴りつけ、その直後に相手の左腕を抱え、そのままアームバー（腕挫ぎ十字固め）を決めた。男はたまらずタップ。30秒ほどで決着はついた。

ランファ・アレグリアは言った。

「俺の負けだ。でも、この結果は偶然だと思う。もう一度、闘ってくれないか」

ホリオンは、この申し出を受け入れて、もう一度闘った。結果は同じだった。ホリオンが再びグラウンドの展開へと持ち込み、今度はチョークスリーパーを決めてアレグリアを失神させる。敗北を認めたアレグリアは、その日のうちにホリオンの生徒となった。

ホリオンに良いアイディアが浮かんだのは、この時である。

（そうだ。チャレンジャーを求めよう。そして俺が実際にチャレンジャーと闘う。そうすることでグレイシー柔術の有効性も手っ取り早く理解してもらえる）

ホリオンの動きは早い。すぐに行動した。

まず、チラシをつくった。

「グレイシー柔術は最強だ！」とコピーを打ち、そこに、「この言葉に異論があるならかかって来い。私のガレージでノールールで闘おうじゃないか」と書き加えた。

このチラシを街中に貼ったのだ。

それだけではない。全米で売られている格闘技専門誌『BLACK BELT（ブラックベルト）』にも広告を出した。

「挑戦者求む。最強のグレイシー柔術にかかって来い！」と。

挑発的なフレーズを並べるとともに、勝者には賞金を用意するとも記した。

反響は凄まじかったとホリオンは言う。

「それは、ブラジルでもやっていたグレイシーチャレンジと同じだった。グレイシーチャレンジを毎週末に行い、多くの挑戦者を迎えた。皆はガレージファイトと呼んでいたよ」

そんな頃である、ヒクソンが米国に移住したのは。一人や2人ではない。多い時には何十人もが、「グレイシーとかいう生意気な奴をこらしめてやる」と意気まいて、或るいは賞金目当てにガレージにやって来た。

ここで、ホリオン、ヒクソン、そしてヒクソンを追って渡米してきたホイラー、その弟のホイスが順番にチャレンジャーたちと長き間、闘い続けたのだ。挑戦者の中には空手やキックボクシング、テコンドーの道場主たちもいた。

だが勝つのは常にグレイシーファイターだった。最後は必ず、サブミッションかチョークで決める。徐々に増え、かなりの数になった道場生たちが周囲では見守っていた。チャレンジャー全員に勝利した後、皆の前でホリオンは常に、こう口にした。

「いいかい。私たち兄弟が強いんじゃない。私たちの父エリオがつくり上げたグレイシー柔術の技術が優れているのさ」

チャレンジに訪れた者が、そのままグレイシー柔術の門下生となるケースも多々あった。

また苦しかった時期にホリオンが生活を支えるためにやっていたアルバイトも、グレイシー柔術の繁栄に繋がっていく。俳優、女優たちのハウスキーパーを務めていたことが縁で、ホリオンはハリウッド映画にエキストラとして出演するようになり、その後、俳優としてテレビドラマや映画に、自らの名をクレジットされるようにもなる。

俳優として初めて出演したのは全米で人気を博したテレビドラマシリーズ『刑事スタスキー&ハッチ』だった。その後に映画『リーサル・ウェポン』にも悪役で登場している。

ホリオンは俳優になるつもりはなかった。だが、ハリウッドと関係を築いたことで有名スターたち、あるいは有名スターの家族たちが護身術を学ぼうとガレージを訪れるようになった。そのことをホリオンは喜んだ。有名スターが通っているとの評判が立つことで、さらに道場生の数は増えた。徐々に道場は拡張され、現在カリフォルニア州トーランスにある2階建ての『グレイシー柔術アカデミー』が設立されるに至るのである。

「アルティメット大会」の衝撃

道場の運営は順調だった。

だが、そのことにホリオンが満足していたわけではない。カリフォルニア州で道場が流行ったとしても、グレイシー柔術の名が全米に広まったわけではないのだ。

そこでホリオンが、ガレージファイトの延長線上にあるものとして計画したのが、UFC（アルティメット・ファイティング・チャンピオンシップ）の開催だったのである。スタート当時、日本では「アルティメット大会」と呼ばれていた。

ホリオンは、ハリウッドの映画界とのパイプも活用した。UFC開催を決めた後、『ビッグ・ウェンズデー』や『若き勇者たち』などの作品で有名な映画監督ジョン・ミリアスに闘いの舞台について相談を持ちかける。そこでジョン・ミリアスが考案したのが金網に囲まれた八角形のリング――オクタゴンだった。

さまざまな苦難はあったが、UFCの開催が決まる。そこでホリオンたちは、決めなくてはならない一つのことに直面する。

グレイシー柔術を代表して誰がUFCのトーナメントに出場するかである。

兄弟の中で一番強いのは明らかにヒクソンだった。そのことは父エリオも、また、すべての兄弟たちも認めていた。ヒクソンはＵＦＣのトーナメントに出場したいと考えていたことだろう。しかし、ホリオンは、こう提案した。

「ホイスを出場させようじゃないか」

ホリオンには、ＵＦＣを成功させ、そこでグレイシー柔術の名を一気に世界に広めるための作戦があった。だから、こう続けた。

「兄弟の中で一番強いのはヒクソンだ。でも、そのヒクソンが最初から出ていく必要はない。ホイスもかなり強くなっている。最初にホイスが出ていく。おそらくホイスはトーナメントで優勝するだろう。だが万が一、ホイスが負けるようなことがあれば、その時はヒクソンが出ていく。この２段構えが最良の策ではないだろうか」

このホリオンの提案に父エリオが同調した。

「それでいこう」

エリオがそう口にしたことで、ホイスのＵＦＣ出場が決まったのだ。ヒクソンは、エリオ、ホリオン、ホイラーらとともに「グレイシートレイン」を組み入場し、ホイスのセコンドにつくことになった。

だがホリオンの策略は、それだけでもなかったように思う。

ホイスはＵＦＣの第１回大会、第２回大会のトーナメントを連覇。これによりグレイシー柔術の名は世界に広まることになったのだが、もし、ヒクソンが出場していたら、どうなっていただろう。おそらくはアッサリと勝利を重ね連覇を果たしていたことだろう。グレイシーが勝利を収めるという意味では同じだ。

だが、ヒクソンの闘いにはエネルギッシュなオーラが宿る。対してホイスには、それが無い。そのことをホリオンは考えたのではないだろうか。

ホイスは身長こそ高いが体重は軽く、見た目には「やせっぽち」である。対してヒクソンは身長こそそれほど高くはないが肉体が逞《たくま》しい。いかにも強そうに見える男より、見かけが一般人とそれほど変わらない男が、オクタゴンという苛烈な舞台で勝った方が、グレイシー柔術の優位性を示すうえで、インパクトが強いと考えていたはずである。

ルタ・リーブリとの抗争を終え、カリフォルニア州ロスアンジェルス近郊に移り住んだヒクソンは、90年代初頭、ガレージファイトを続け、UFCでグレイシー柔術の名が世界に広まる日を待っていた。

その頃、日本では、第2次UWFが解散し、91年に高田延彦をエースとした団体、UWFインターナショナルが旗揚げされる。だが、この時はまだ、ヒクソンも高田もお互いに、後に闘うことになる相手の名前すら知らなかった。

第4章

グレイシーvs UWFインター

「道場破りで安生惨敗」の衝撃

安生洋二がヒクソンにやられた。

その報が日本のファンに届いたのは1994年12月初旬のことだった。『PRIDE.1』が開催される約2年10カ月前のことである。

12月7日（現地時間）、当時、米国カリフォルニア州ウェスト・ロスアンジェルスにあった『ヒクソン・グレイシー柔術アカデミー』に、UWFインターナショナルの主力選手の一人であった安生が赴き、道場破りを敢行する。だが、あっけなく返り討ちにされてしまった。

この事件は、プロレス界に大きな衝撃をもたらした。安生の個人的な挑戦という領域で済まされる問題ではなかったのである。ファンは、安生の敗北を、UWFインターの、また日本プロレス界のグレイシー一族に対する敗北とのイメージを強く持ち、それがプロレス人気の低下に繋がったからだ。

ことの重大さを安生も、よく理解していたのだろう。帰国後の記者会見で、「申し訳ない」と神妙な顔で何度も繰り返していた。

だが、この直後に幾つかの噂が流れた。それは、安生は不当な闘いを強いられ、グレイシー側の卑劣なやり方によって敗者にされたとの主旨のものだった。

道場生たちに囲まれ身動きがとれなくなっていた安生をヒクソンが仲間たちとともに襲った。或るいは、道場生数人からも安生は攻撃を受けたといった話なのだが、この噂の出所はわからない。おそらく安生本人が口にしたものではなかっただろう。

『東京スポーツ』紙の一面、『週刊ゴング』『週刊プロレス』両誌の表紙には、顔面を血で染めて座り込んでいる安生の姿が写った写真が掲載されていた。でも闘いを写したものは一枚もない。報道陣をシャットアウトした道場で闘いは行われたのだ。実際の闘いを知るのは、ヒクソン、安生の両陣営だけである。

この噂に即座に反応したのが、総合格闘技団体である修斗だった。当時、修斗は、『バーリ・トゥード・ジャパンオープン』という大会を開催しており、これにヒクソンは、94年、95年と2年連続して出場し、トーナメントVを果たしている。修斗とヒクソンは密接な関係にあったのだ。

ヒクソン側も、そんな噂が流れていると知った以上、「闘いが公正なもの」であったことを証明する必要があると考えた。そこで、安生の道場破り事件から5日後の12月12日、埼玉県大宮市（現・さいたま市）にあったスーパータイガーセンタージムで一部マスコミに対して道場破りの映像が公開されることになったのである。

グレイシー一族は、その名が広く知られるようになる以前から、たびたび他流試合を行っていた。道場破りを受け入れるだけではなく、敢えて挑戦者を募り、闘い、勝ち続けてきた歴史がある。その際には必ず闘いの模様をビデオに収録するのだが、これは勿論、負けた相手の言い訳や虚偽を防ぐためだった。当然、ヒクソンと安生の闘いも映像として残していたのだ。

「ヒクソンテープ」の中身とは？

そのビデオテープの映像は、ヒクソンと安生が向かい合っているシーンから始まった。ヒクソンはサウスポー、安生はオーソドックスに構えている。

最初に動きを見せたのは安生だった。右ローキックを放つ。だが序盤は互いに動きが少なく、多少の打撃攻防があるも睨み合ったまま1分ほどが過ぎる。2人の周囲には、十数人の道場生、そして安生に付き添っていた元プロレスラーの笹崎伸司と彼の妻がいたが、誰も声を発してはいない。道場破りならではの独特の緊張感が画面から伝わってきた。

闘いが動いたのは開始から1分が過ぎた頃だった。

安生が放ったパンチに合わせるように動いたヒクソンが胴タックルを決める。寝業に持ち込み安生の上にのった状態をつくると、そこからはヒクソンの独擅場だった。

顔面を中心にヒクソンが何十発ものパンチを振り下ろしていく。逃れることのできない安生はパンチを喰らい続け、彼の顔面は腫《は》れ上がり朱に染まった。

それでもヒクソンは執拗に安生の顔面を殴り続ける。そして6分が過ぎた頃、ヒクソンは慣れた動きで安生の背後にまわり、チョークスリーパーを決めた。

安生は失神していた。ヒクソンは彼の首から腕を放して画面から消えていく。ファイトタイムは6分45秒、ヒクソンの圧勝だった。

闘いが公正なものであったことはハッキリした。だが、そのこと以上にヒクソンのリング上では見せることのない冷酷さを伴ったファイトに驚かされたものだ。

その後、私は、もう一度この映像を観ている。ヒクソンと一緒に観た。米国サンタモニカ近くのパシフィック・パリサデスにあった彼の家のリビングルームで。

観終えた後に私はヒクソンに尋ねた。

リング上での闘いとは違う。あなたのリング上での闘いは、とても紳士的だ。なのに、この時は安生の顔面を必要以上に殴り続けている。それは、道場破りというやり方に対しての怒りの表れだったのか、と。

ヒクソンは答えた。

「それもあったかもしれない。あの日は体調が良くなくて家で寝ていたんだ。そこに連絡が入って起こされたから気分は悪かった。

でも、それだけではない。

あの時、もっと早い段階でチョークに持ち込むことはできた。ただ勝つだけでいいなら、私はそうしていただろう。でも、そうはしなかった。なぜならば、互いに尊敬の念を持って闘うリング上でのファイトとは別の種類のものだったからだ。

アッサリとチョークを決めて、道場破りに来た安生を無傷で帰すわけにはいかなかった。私は柔術ファイターだ。だから打撃は好きではない。でも、あの時は彼の顔面を仕方なく殴り続けたよ。アカデミーの外には何人かの日本人メディアが待機していた。この闘いの結果が彼らにも一目で解るようにしておく必要があったんだ」

もう一つ聞いてみた。対戦を断ることもできたのではないか、と。同じ94年に西良典(慧舟會)が道場破りに行った際には、あなたは対戦を断った。

「そのことは、よく憶えている。彼とは一度リングの上で闘い決着がついていた(ヒクソンの一本勝ち)。互いに尊敬の念を抱いていたから、敢えてここでは闘う必要はないと私は言ったんだ。それに、私と闘いたいという者の挑戦をすべて受けるわけにもいかないだろう(笑)。

本来なら、安生が来た時も、そうするべきだったと思う。ただ、あの頃、すでにUWF(インターナショナル)から私のもとにオファーが届いていたから、そう簡単なことではなかったんだ。

私もプロとしてのファイトをしたいと思っていたから、オファーが届いた時は嬉しかった。でも、どうやら彼らがやっているのはリアルファイトではない。そこで私は、フェイクをやるつもりはないと断りの手紙をUWFに返したんだ。私はフェイクは嫌いだとも伝えた。そして、文章の最後に、こうも書いたんだよ。『もし本気で私にチャレンジしたいのであれば、どうぞ何時《いつ》でもアカデミーに来てください。挑戦を受けましょう』と。

だから突然のことではあったけれども、アンジョーの挑戦は受けるべきだと思ったんだよ」

道場破りから数日後、ヒクソンのもとに安生から兜の置物と手紙が届いた。その手紙には、こう書かれていた。

〈突然行って闘えと迫ったことはすまなかった。なのに私と真剣に闘ってくれて有難う。あなたが真の強いファイターであることを理解しました〉

個のファイターとしての安生は、闘い終えた後、敗れたとはいえ、清々《すがすが》しい気持ちだったのではないだろうか。でもプロレス界の住人である自分を考えた時、「とんでもないことになってしまった」と頭を抱えたのだ。

実際のところ、安生の道場破り失敗により、UWFインターナショナルの人気は低下し、崩壊への道を辿ることになった。またそれは、プロレス・リアルファイト幻想崩壊の速度を、さらに速めたのである。

新日本の手法を模倣

ここでUWFインターナショナルの歴史についても触れておきたいと思う。

前田日明をエースとして一世を風靡した新生（第2次）UWFが崩壊したのは91年1月のことだ。前年12月、長野・松本運動公園体育館での大会のリング上に前田を含めた全選手が集結、一致団結を誓った。だが実は選手の考え方はバラバラで、結果的にこの松本大会がUWFの最後の興行となってしまう。

年明け早々に前田の自宅にUWF全選手が集まった。そこでの話し合いは縺《もつ》れ、UWFの主力ファイターであった前田、髙田、藤原は、それぞれの道を歩むことになり3派に分裂していく。前田についていく選手は誰もいなかった。藤原には、船木誠勝、鈴木みのるらがついていった。そして、安生、宮戸成夫（現・優光）、中野龍雄（現・巽耀）、田村潔司、山崎一夫、垣原賢人らほとんどの選手が髙田と行動をともにしたのである。

前田は「リングス」、藤原は「プロフェッショナルレスリング藤原組」、髙田が「UWFインターナショナル（以下UWFインター）」を、その後に旗揚げするのだが、UWFという言葉を残したのは、髙田をエースとした団体だけだった。

「UWFのスタイルで、これからもやっていきたい。UWFを守っていく」

そう髙田は、UWFインターの旗揚げ前に話している。

同団体の社長でありエースを担ったのは髙田である。だが実際のところ団体の運営を主に担っていたのは、宮戸、安生、そして髙田のファンクラブ会長からフロントに加わった鈴木健の3人だった。彼らはスピーディに新団体設立に動いた。

91年2月20日に新団体設立の発表記者会見を実施している。ここで桜庭和志、金原弘光、山本健一（現・喧二）がUWFインターに加わった。

そして5月10日に、後楽園ホールで旗揚げ興行を開催した。『Moving On』とのタイトルが冠されたこの大会のメインエベントで髙田はトーマス・バートンに10分46秒、逆エビ固めで快勝した。超満員のファンが集まる中でのUWFインター好発進。勿論、プロレスであり、リアルファイトではなかったが、多くのファンは、リアルファイトであると信じようとしていたように思う。

その後、UWFインターは、1カ月に一度のペースで大会を開き、徐々にファンからの熱い支持を得ていくことになる。91年から93年の秋までは、勢いのあるプロレス団体だった。彼らは、格闘技的な見せ方を前面に出し、かつての新日本プロレスの手法を模倣していく。

70年代から80年代にかけて新日本プロレスは大いなる躍進を遂げたが、ファンの心を熱くさせたのはアントニオ猪木の『格闘技世界一決定戦』シリーズだった。

72年のミュンヘン五輪で柔道2階級（93キロ超&無差別級）金メダリストのウィリエム・ルスカ戦（76年2月6日、日本武道館）を皮切りに、その4カ月後には、プロボクシング世界ヘビー級チャンピオンのモハメド・アリとの世紀のスーパーファイト（76年6月26日、日本武道館）が実現する。

その後も『格闘技世界一決定戦』の名のもとに、全米プロ空手のザ・モンスターマン（77年8月2日、日本武道館）、ヘビー級プロボクサーのチャック・ウェプナー（77年10月25日、日本武道館）、極真カラテ最強〝熊殺し〟と称されたウィリー・ウィリアムス（80年2月27日、蔵前国技館）らと猪木は死闘を演じた。

これは、プロレスファンにとっては強い刺激だった。そして、「過激なプロレス」という言葉も生まれ、ジャイアント馬場の全日本プロレスを興行成績で上まわっていったのだ。

約20年の時を経て、UWFインターは、高田延彦をエースに『格闘技世界一決定戦』シリーズを再現しようとしたのである。

旗揚げした91年の12月に、プロボクシング元世界ヘビー級チャンピオンのトレバー・バービックを招聘《しょうへい》し、両国国技館のリングで高田は闘った。開始早々に高田がローキックを放つとバービックは戦意を喪失。わずか2分52秒、試合放棄という形で闘いは終わる。

翌92年10月23日には、日本武道館で高田は大相撲元横綱の北尾光司を相手に『格闘技世界一決定戦』と銘打った試合を行う。3分5ラウンド形式の闘いは当初、「引き分けにする」との約束が両者の間で交わされていた。

しかし、試合は3ラウンド46秒、髙田のKO勝利となる。髙田が放った右ハイキックが北尾の頭部を直撃。崩れるようにして倒れ込んだ北尾は起き上がることができなかった。相手がガードすると見込んで放った蹴りが入ってしまったアクシデントだと考えることもできるだろう。でも、実際はそうではなかった。髙田は最初から約束を破って、「引き分けだから」と安心している北尾をKOした。自らの地位を引き上げることを狙っていたのである。

倒されて敗者になった後、北尾にしても、「約束が破られた」とは言えないだろう。何しろ、この一戦はリアルファイトとしてファンに提示されていたのだから。善し悪しはともかく、このUWFインターに勢いがあった92年時点には、「キラー髙田」は存在していた。強いプロレスラーであると多くのファンは髙田に魅力を感じていたのである。

93年7月18日には、両国国技館で旧ソビエト連邦の元最強アマチュアレスラー、サルマン・ハシミコフとも髙田は対峙、ここでも勝利を収めUWFインター人気は加速を続けていた。

髙田は新日本プロレス時代、UWF時代も団体のトップに立ったことはなかった。だが、UWFインターが設立されたことで団体のエースとなり、それから2年ほどで「格闘王」と称されるようになった。知名度は大幅にアップし、フジテレビの報道番組『スポーツW

AVE』のキャスターに抜擢されるまでになっていたのだ。

だが、UWFインターの人気はこの93年の秋を境に下降していくことになる。それは、米国で衝撃的な大会が開催されたからだった。

格闘技革命記念日

93年11月12日。

この日を境に、格闘技界、プロレス界を取り巻く状況は一変した。

米国コロラド州デンバーにあるマクニコルス・スポーツアリーナにおいて、UFCの第1回大会が行われたのだ。NBA（全米バスケットボール協会）チーム、デンバー・ナゲッツの本拠地として当時は有名だったマクニコルス・スポーツアリーナの中央には、高さ2メートル足らずの金網に囲まれた八角形の檻が設置された。オクタゴン——一度、この檻の扉を開けて中に入ったならば逃げ出すことはできない。相手を叩きのめすか、叩きのめされるか……結着がつくまで、金網の外には出られないのである。

そんな苛烈な舞台で「最強の格闘技は何か?」を決める闘いが繰り広げられたのである。UWFにも参戦していたケン・シャムロック、キックボクサーのケビン・ローズイヤー、パトリック・スミス、ジェラルド・ゴルドーといったプロファイターを中心に腕に自信のある男たち8人が集結し、ワンデイ・トーナメントで優勝を争った。

形式は1ラウンド5分の無制限ラウンド制で、判定による決着はない。目潰しと噛みつき、金的攻撃以外は、すべて認められるという、ほぼノールールに近い形式で試合は行われたのだ。

「ルールを廃した闘いなど本当に可能なのか。ルールがあってこそ安全性が確保され、格闘技は競技として成立する。ルールがなければ、そこで行われるのは喧嘩であり、殺し合いにも発展しかねない。やるべき大会ではない」

大会開催が発表された直後、そんな声が随所で聞かれた。

これに対して大会主催者の一人であったホリオン・グレイシーは言った。

「いいかい、これは『最強の格闘技は何か?』を決める闘いなんだ。言われる通り、とても危険な闘いではある。でも最強の格闘技が何かを決めるのであれば、ルールはフェアでなければいけない。ノールールこそがもっともニュートラルだと私は思う」

そして、こうも続けた。

「最強の座を放棄する者、苛烈な闘いに挑む勇気のない者は、出場する必要はない。でも、自らがやっている格闘技こそが最強、或るいは自分こそが最強だと名乗りたいのであれば、オクタゴンに入って、それを証明すべきだ」

ホリオンの挑発的な言葉に、シャムロック、ゴルドーらは敏感に反応した。そして闘いは、試合前の予想通り過激なものとなる。

大暴れしたのは、やはりその凶暴さには定評のあるゴルドーだった。

オープニングファイトとなった1回戦のテイラ・トゥリ（ハワイ出身の元大相撲力士で四股名は高見州、幕下で優勝経験あり）との対決。200キロ近い巨漢であるトゥリは、開始早々、ゴルドーに向かって突進する。これに対してゴルドーはパンチを合わせてトゥリに膝をつかせると、すかさず顔面に右ミドルキックを叩き込んだ。続けざまに右フックを放つとトゥリの前歯が折れ、右眼からは血が流れ始める。僅か26秒の惨劇だった。

準決勝となる2回戦では、スーパーヘビー級キックボクサーのローズイヤーと対峙したが、この試合も一方的な展開となった。膝蹴りと肘打ちで袋叩きにする。そして最後は、戦意を喪失し無抵抗となったローズイヤーの太鼓腹に右踵《かかと》を突き刺した。

ゴルドーは危険な技を繰り出す際にも躊躇《ちゅうちょ》がなかった。顔面に打撃を見舞う際には必ず眼球を狙い、相手が無抵抗となった後もお構いなしに非情な格闘機械と化していた。その姿は、惨劇を引き起こすことに悦びを感じているようにも見えた。

この大会は、PPV（ペイ・パー・ビュー）で全米に放映されていたが、多くの視聴者が画面の前で幾度も目を覆ったことだろう。

決勝戦もゴルドーが勝つと予想していた者がほとんどだった。

もう一方のブロックから勝ち上がったのは、出場選手中最軽量で当時無名のホイス・グレイシー。ここまでにホイスも2試合を闘っていたが、顔には傷一つなかった。それでも道衣に身を包んだ細く見えるカラダは、決して強そうではなく、その数分後にはゴルドーの狂暴ファイトの餌食になると誰もがイメージしていた。

しかし、そうはならなかった。

僅か1分44秒の決勝戦を終え、八角形の檻の中で最後まで立っていたのは、ホイス・グレイシーだったのだ。打撃を見舞う前にアッサリとタックルを許したゴルドーは、裸絞めを決められて苦悶の表情でマットを叩いていた。

「勝者ホイス・グレイシー!」

そうコールされると館内は大きな響《どよ》めきに包まれる。

最強を決める闘いで最後まで生き延びた男は、この大会を呼びかけたホリオン・グレイシーの実弟であった。ホイス・グレイシーの優勝は全米のみならず世界の格闘技界に大きな衝撃を与えた。

誰もが思った。

グレイシーとは一体、何者なのか?

グレイシー柔術とは、いかなる格闘技なのか?

最強の格闘技とは何か——。壮大なる問いに対する一つの答えが導き出されると同時にグレイシーの名は世に躍り出た。

そして、この直後にホイスは、こう話した。

「私が最強なのではない、グレイシー柔術が最強なのだ。それに一族には、私よりも10倍強い兄がいる」

狂暴なゴルドーを2分足らずでアッサリと仕留めたホイスよりもはるかに強い男……それが、ヒクソン・グレイシーだったのである。

ヒクソン、日本初見参

グレイシー柔術は、UFCが開かれるまでは、ほとんど無名だった。だから、グレイシー柔術を知った後も間違えて「クレイジー柔術」と呼ぶ者がいたほどだ。それはともかく、UFCの開催、そしてグレイシー柔術の存在は、日本のプロレスファンの間でも大きな話題となった。

ファンは日本人プロレスラーがオクタゴンに入り闘うことを期待した。リングスのエース前田日明、UWFインターの髙田延彦、あるいは、このUFCが初めて開かれるのと同時にパンクラスを旗揚げした船木誠勝の出陣を願ったが、誰も手をあげはしなかった。

第2回UFCは、翌94年3月11日、米国コロラド州デンバーにあるマンモス・ガーデンで、さらにグレードアップして開かれた。形式は「8人参加のワンナイト・トーナメント」から「16人参加のワンナイト・トーナメント」に変更され、ルールもさらに過激なものとなる。ラウンド制が廃止され全試合が時間無制限一本勝負に、また金的攻撃も認められることとなった。

日本人プロレスラーは誰一人として、オクタゴンの中に入ろうとはしなかった。しかし、日本人カラテ家が名乗りを上げる。〝格闘カラテ〟として実戦を標榜していた大道塾の市原海樹《みのき》が出場を志願したのだ。そしてトーナメント1回戦でホイス・グレイシーと対戦することになる。

しかし、為す術なくホイスにグラウンドに持ち込まれ5分8秒、片羽絞めを決められ敗れてしまう。このトーナメントでもホイスは圧倒的な強さを見せV2を果たした。

UWFインターで「最強」を名乗っていた髙田に対してファンはUFC参戦を求めた。しかし、髙田は動かなかった。

そうこうしているうちに、UFC王者のホイスが、「私よりも10倍強い」と称したヒクソンが日本にやって来た。

94年7月29日、東京ベイNKホールで開催された『バーリ・トゥード・ジャパンオープン』のトーナメントにエントリーしたのである。この、UFC同様、ノールールの大会でヒクソンは噂通りの強さを日本のファンに見せつける。

▼1回戦
○【チョークスリーパー、1ラウンド2分58秒】西良典（慧舟會）●
▼準決勝
○【TKO＝マウントパンチ、1ラウンド2分40秒】ダビッド・レビキ（米国）●
▼決勝
○【TKO＝マウントパンチ、1ラウンド0分39秒】バド・スミス（米国）●

トータルタイム僅か6分17秒でトーナメントを制したのだ。これにより、グレイシーの存在は、日本のプロレスファン、格闘技ファンの中でイメージが巨大化していく。いつしか「ヒクソン・グレイシー最強説」が唱えられるようになった。

この現象は、UWFインターの人気に大きな打撃を与えた。トレバー・バービックや北尾光司に勝利し、「格闘技世界一」と称していた高田もヒクソンにはかなわないだろうとファンは思い始める。実際、高田はオクタゴンの中に入ろうとはしなかったし、ヒクソンに挑もうともしないのだから、と。

そこでUWFインターはヒクソン招聘へと動いたのだが、「フェイクは嫌いだ、リアルファイトしかしない」と一蹴されてしまう。この経緯が安生の道場破りへと繋がったのだ。

だが、道場破りを敢行した安生はヒクソンに血だるまにされ返り討ちにあってしまい、

ＵＷＦインターは、さらに窮地に立たされることとなった。とはいえ、この時点では、まだ逆転のチャンスはあった。

翌95年4月20日、日本武道館で開催された『バーリ・トゥード・ジャパンオープン』の第2回大会のトーナメントにヒクソンは連続参戦することを決めていたのである。この大会に髙田がエントリーを希望すれば、主催者である修斗の佐山聡は喜んで受諾したことだろう。それでも髙田は重い腰を上げなかった。その代わりに佐山とは犬猿の仲であった前田日明率いるリングスが、「ヒクソン討ち」に名乗りを上げる。前田自身は出陣せずも、リングス所属の山本宜久がトーナメント出場を希望したのだ。主催者サイドはこれを受け入れ、1回戦で「ヒクソンVS山本」が実現することとなった。

日本武道館は超満員となり、凄まじい熱気が醸されていた。ここでリングスの生え抜きである山本は奮闘する。序盤から一歩も引くことはなく互角に渡り合い、ロープを摑んで自らの体勢を安定させた状態でチョークスリーパーを決めにかかったのだ。

「行け！」

セコンドについていた前田日明が絶叫する。観衆も大いに沸いた。それでもヒクソンは強かった。不利な状況に一度は追い込まれるも、ここを冷静に凌《しの》ぎ、3ラウンド3分49秒、チョークスリーパーで山本を失神に追い込んで勝利を収めた。その後、準決勝では木村浩一郎を、決勝では中井祐樹をいずれもチョークスリーパーで仕留めてトーナメントＶ２を果たしている。

これによりヒクソンのネームバリューはさらに上昇した。と同時に総合格闘技の地位も引き上げられていくのである。既存のプロレスラーは実はそれほど強くはない、総合格闘技の勝者こそが強いのだとの認識がファンの間に浸透していったのである。

猪木になれなかった髙田

ＵＷＦインターの人気はさらに低下していく。もはや、会社の経営の悪化は止められない状況に陥っていた。

そんな時、髙田のもとに、こんな話が舞い込む。

「参議院選挙に出馬しないか」

95年といえば、3月20日にオウム真理教による地下鉄サリン事件が起こった年である。衝撃の事件に日本中が揺れる中、第17回参議院議員選挙投開票は、その4カ月後の7月23日に行われた。これに髙田は出馬したのだ。読売ジャイアンツの元監督であった川上哲治と藤田元司、そして元検事で弁護士の堀田力《つとむ》が発起人となり設立された「さわやか新党」に属し、比例代表名簿に名を連ねる。比例区の名簿順位1位は元プロ野球選手の小林繁で、2位が髙田だった。ちなみに5位には脚本家ジェームス三木の元妻の山下典子、6

位に56年メルボルン五輪、60年ローマ五輪に競泳選手として出場し4個の銀メダルを獲得した山中毅、7位には、64年東京五輪レスリング・フリースタイル63キロ級金メダリストの〝アニマル渡辺〟こと渡辺長武《おさむ》が名を連ねていた。

出馬の話をプッシュしたのは、安生とフロントの鈴木だったという。彼らは髙田に対して、「あなたが参議院議員になることは、UWFインターにとって大きな相乗効果になる」と話した。

最初こそ髙田は、この要請を断ったが結局のところ出馬に至る。

なぜ、髙田は立候補したのだろうか。

周囲の説得に押し切られた、というだけではなかっただろう。髙田が政治に対して高度な知識を有し、興味を抱いていたとは思えない。「衆議院と参議院の違いさえ解らなかった」と後に告白している彼は、それでも自分が国会議員になることがUWFインター再建の一助になればとの想いを抱いていた可能性はある。

だが、それ以上にアントニオ猪木への憧れが、彼を出馬に走らせたのではないかと私は思う。

猪木に憧れてプロレス界へ入った。そんな髙田は、常に猪木の後を追いかけていた。UWFインターを旗揚げしてエースになると異種格闘技戦路線を敷き、94年1月30日には女優の向井亜紀と結婚式をあげる。この時に選んだ会場はホテルオークラ東京……23年前に猪木が女優・倍賞美津子と華燭の典をあげたのと同じ場所だった。そして、89年に猪木は「スポーツ平和党」を結成して第15回参議院議員選挙比例区に出馬し、99万票余りを集めて当選、史上初のプロレスラー国会議員となっている。

なぜ、髙田は立候補したのか？

それは「猪木になりたかった」からではないか。でも、その夢は叶わなかった。プロボクシング世界へビー級チャンピオンのトレバー・バービックと闘い勝者となったとはいえ、そのインパクトは、猪木VSアリには遠く及ばず、選挙では大差で落選してしまった。髙田は猪木にはなれなかったのだ。

新日本との対抗戦……誤算

UFCの躍進、そしてグレイシーの出現にファンの心は奪われる。UWFインターの人気は低下し、団体の経営もさらに悪化していく。

そんな中で、UWFインターのフロントは、新日本プロレスに対して一つの案を投げかける。

「プロレス人気を活性化させるために若手選手同士の対抗戦をやりませんか」と。

答えは思わぬ形で返ってきた。

新日本プロレスも、UFCの躍進、グレイシーの出現で興行成績が落ち始めていた。だから、この提案に乗り、さらにグレードアップさせた企画を練り上げる。

「若手だけと言わず、全面対抗戦をやろうじゃないか」

そう返されて、UWFインター側に、これを断る理由も余裕もなかった。

UWFインターと新日本プロレスが全面対抗戦をやるとなれば大いに盛り上がることは間違いない。総合格闘技の人気にプロレスが押されている状況下で、これはビッグアイディアでありファンに対してのサプライズだった。

両団体の話し合いは、それほど時間をかけずにまとまり、決戦の日時は95年10月9日、東京ドームと決まる。新日本プロレスの主催興行ではあったが、UWFインター側に対しても、それなりのギャランティが提示されていた。

問題はマッチメイクであったが、メインエベントは、当時、新日本プロレスの至宝、IWGPヘビー級のベルトを腰に巻いていた武藤敬司VS髙田と決まる。

新日本プロレス側は、こう提案した。

「まず1戦目は、武藤の勝ちとする。でも2戦目、つまりリターンマッチで髙田が勝つ。そこでIWGPヘビー級のチャンピオンベルトを腰に巻き、UWFインターの興行で新日本プロレスのトップ選手を相手に防衛戦を続けていくというのはどうだろうか」

UWFインター側は、これを呑んだ。

新日本プロレスと長く付き合い、興行を盛り上げていくことができれば、経営状態も上向くとUWFインター側は考えたのだ。

キャリアの差だったのかもしれない。

この交渉は明らかに新日本プロレスの方が上手《うわて》だった。

10・9東京ドームには、主催者発表で6万7000人の大観衆が集まった。実際に会場には立ち見客が溢れていた。

老舗の新日本プロレスが強いのか、それともUWFインターが、その牙城を崩すのか。プロレスファンは、この時ばかりは、グレイシー一族の存在も忘れ、プロレス界最強を決める闘いに注目していたのだ。

そんな中で高田は取り決めた約束通りに敗者となる。

武藤のドラゴンスクリューを喰らい、直後に古典的なプロレス技、足4の字固めを決められる。数十秒間、苦悶の表情を浮かべた後に高田がギブアップをし試合は終わった。

新日本プロレスファンは皆、雄叫びを上げた。UWFインター信者は肩を落として東京ドームを後にしたのである。

でも、この時、高田に落ち込みなどはなかった。

「ここから巻き返すぞ」

明るい未来を、まだ信じていたのだ。

ところが、そうはいかなかった。

この一戦のインパクトは絶大で、高田に肩入れしていたファンはスーッと一気に引いてしまったのである。

ファースト・インパクトの凄まじさを新日本プロレス側は、よく理解していた。しかし、UWFインター側は理解できていなかったのである。

翌96年1月4日、同じく東京ドームでの再戦で約束通り、高田は武藤に勝利する。これにより高田は第18代IWGPヘビー級王者となり、かつて載冠したジュニア、タッグに加えIWGP3冠を達成するが、そのインパクトは弱かった。さらに新日本プロレスサイドはしたたかだった。

3月にUWFインターのリングで高田の王座防衛戦が行われるが、相手は橋本真也、佐々木健介といった主力ではなく、新日本プロレスにとっては負けられても痛くない外様の越中詩郎。高田は、ここでは勝利するも4月29日、東京ドームで橋本を相手に高ファイトマネーを条件とし負け役を呑まされてしまった。

UWFインターの経営状態は一時的に持ち直すが、そこに未来はなかった。95年の10・9で武藤に敗れたことで高田のプロレスラーとしての価値はスッカリ低下してしまったのだ。UWFインターの独自興行だけでは再起のメドは立たず、インディ団体であった東京プロレスにも参戦する。そこでは、高田VSアブドーラ・ザ・ブッチャーといったUWF信者がもっとも嫌悪するカードも組まれた。

万事休す。96年12月27日の後楽園ホール大会をもってUWFインターは解散を余儀なくされた。だが高田は、それほど落ち込んではいなかった。この時すでに、ヒクソン×高田戦が実現に向けて動き始めていたからである。

第5章

山籠り

〝スーパーサーキット〟トレーニング

1997年7月29日、国立代々木競技場第二体育館のリングに上がり練習をファン、マスコミに公開した後、髙田は、「トレーニングに集中したい」と話し、試合当日まで、ほとんどメディアの前に姿を現さなかった。練習も非公開だった。

だが、対戦発表記者会見の後、特に合宿を張るというような動きはなかった。トレーニングは主にキングダムの道場で行っている。メディアの前には姿を現さなかった髙田だが、この間に大会を主催するKRSが仕切って製作されていた『PRIDE.1 オフィシャルビデオ』と『PRIDE.1 オフィシャルガイドブック』(ともにメディアファクトリー)のインタビュー取材には9月初旬に応じている。そこで髙田は、こんな風に話していた。

「練習？　大したことはやってないよ。適当に怪我をしない程度に。いまから焦って新しいことを何かやっても、それを試合で出せるような形で自分に植えつけるというのは難しいから。いままでやってきているトレーニングにちょっと気合いが入っているくらいで、そんなに気負いは無いですよ。

練習はずっと東京。キングダムの全選手がトレーニングパートナーだね。やっているのは、自分の技術を大幅にいじくるんじゃなくて、いままでに培ってきたものを確認して、それを相手にぶつけるということだけ。いままでの髙田延彦で勝利をもぎ取るというのが一番の目標だから。俺がグレイシー柔術を習いマスターして、じゃ意味がない。17年間の髙田延彦をヒクソンにぶつけていきたい」

また、常々髙田は自分がチャレンジャーであると口にしていた。その言葉の意味については、こう話していた。

「おそらくね、自分が負けるだろうと言われる中で試合をするのは久しぶりなんですよ。最高に強いと言われている人を試合でどれだけ苦しめられるかどうか。これは敢えてつくったチャレンジ精神ではなくて、そうならざるを得ないところに立っていると思っている。一から百まで挑戦者という立場でしょう、下馬評でもそうだし。それが、良い形で自分の圧迫感を取り除いてくれていると思う」

あの頃、気になったのは、髙田が話す内容ではなく、その表情に輝きが感じられないことだった。取材に対しても決して積極的に受けるというのではなく、また、大会を盛り上げるために自ら良い雰囲気をつくり出そうとしているわけでもなかった。それが契約書の中に盛り込まれていたのかどうかは知らないが、大会主催団体からの依頼だからインタビューに仕方なく応じているとの感じが、取材する側にも、ひしひしと伝わってきた。取材現場には常に重苦しい空気が漂っていた。

髙田は、ヒクソンに勝つ自信を持てずにいる……そのことを感じずにはいられなかった。

また、『PRIDE.1 オフィシャルガイドブック』のインタビューで、こうも漏らしている。

「一度、8月15日という日が決まって、それに向かって突き進んでいたんで、延期になった時には気持ちが一度切れかけたよ。8月15日に闘うことが決まるまでにもいろいろとあったから。なのに、それが一度消えた。一体どうなるかなという心が曇った状態で過ごした時間もあった。正直言って、ちょっと中弛《なかだる》みもあったんだよね」

そう、当初は、10月11日ではなく8月15日にヒクソン×髙田戦は行われることになっていた。だから髙田は、そこに向けてトレーニングスケジュールを立てていた。

97年3月には、走り込みを中心とした沖縄合宿で、まず髙田はカラダをいじめ抜いている。その後、いま持っているスキルを最大限に活かすために新たなトレーニング法でフィジカルアップをはかった。

旧知の間柄だったプロフェッショナル・ラグビーコーチの大西一平《かずひら》から、髙田はある人物を紹介された。大西は、大阪工業大学高校（現・常翔学園高校）、明治大学、そして神戸製鋼で活躍したラガーマンだ。大八木淳史、平尾誠二らとともに90年代前半の〝神戸製鋼黄金期〟を支えた。91年から93年まではチームのキャプテンを務め95年に現役を引退。その後、日本人初のラグビープロコーチとなっていた。

そんな大西が髙田に紹介したのが、大阪に拠点を置くダイナミックスポーツ医学研究所で当時、副所長を務めていた土井龍雄であった。大西も現役時代土井からフィジカル面においての指導を受けていた。髙田も土井から指導を受けることとなる。そこで果たして、どのようなトレーニングを行っていたのか。

『PRIDE．1』が終わりその2カ月後に、髙田、大西、土井の3人が同席のもと東京・六本木の中華料理店で話を聞く機会があった。そこでヒクソン戦の前に行っていたトレーニングについて話している。その一部を再現——。

大西　土井先生は、ダイナミックスポーツ医学研究所というところにいらして、もともとは僕がお世話になっていたんです。プロスポーツ選手のメンテナンスもされていて、そのコンディショニング法というのは、ほかにはない独自のものなんですよ。ヒクソン・グレイシー選手と試合をすると聞いて、それに向けての調整に役立つのではないかと思い、土井先生を髙田さんに紹介したんです。（97年）5月頃かな。

土井　私のところではスポーツ医学を実践しているのですが、その対象は子どもから大人まで、また身体障がい者からプロスポーツ選手まで幅広いんです。でも身体能力をアップさせるという目的においてベースは同じなんですね。

ただ、その時に持ち得ている身体能力差というものは考慮せねばなりません。自動車にたとえて言えば、セダンであるかレーシングカーであるかの違いです。髙田さんの場合はバリバリのレーシングカーでした。相談を受けたのは5月で試合は8月ということでした。あまり時間はありません。その中で髙田さんがいま持っているスキルを、8月にいかにして最大限に発揮できるコンディションづくりをするかということを私は考えました。それはフィジカル面においてのことです。

メニューをつくりました。トレーニングは朝から夕方まで行うのですが、その中でメインとなったのが、〝スーパーサーキット〟というトレーニング法です。これには、さまざまな部分の強化が集約されています。バランス感覚を含めたボディコントロールも要求されますし、筋力、持久力、柔軟性も重要視されます。スキルの持続のみならず、それをさらに高めていくために自分の肉体をかなり追い込んでいくものなんですよ。

あの時、髙田さんには果敢に挑んでもらった。スキルの持続性は十分に養ってもらえたと思っています。

髙田　きつかったですよ（笑）。〝スーパーサーキット〟というトレーニングは、あの時に初めてやりました。心拍数が高い状態で全身に刺激を入れてもらいましたから。もうね、朝起きて先生のところに行くことが嫌でしたよ（笑）。トレーニング自体は実に単純なんです。ただ、無茶苦茶きついんですよ。

大西　あの時、髙田さんがやっていたのは、僕が現役時代に3週間かけていたものを1週間にまとめたようなものでしたね。結構、きつかったと思います。メニューについて土井先生と相談していた時に、これは果たして期間中にこなせるのかな、と思いましたから。

土井　ハードだったとは思います。でも髙田さんの状態をベストに持っていくには、あのトレーニングが必要だと判断しました。

大西　僕らが現役の時に必要とされたのは、その場の瞬発的なものだったんです。でも髙田さんがやったトレーニングは、瞬発力だけではなくて、そこに持続力が加わってくる。さらに負荷が大きくなっていたんですね。

こういったトレーニングというのは一人でやるのは大変なんです。だからチームを組んでやります。チームを組んでやったら逃げられない、怠けられないですからね。だから僕も一緒にやりました。

気になるのは具体的に髙田が、どのようなトレーニングを行っていたかだ。それについての話に及ぶ。

土井　体験していただくのが一番なんですがね（笑）。先ほど言ったようにセダンとレーシングカーの違いがありますから、一般の人には、その方に合った質と量のトレーニングがあります。

大西　100メートルを全力で走るとしますよね。その直後にまた100メートルを全力で走ったとしても1本目と同じタイムでは走れないですよね、疲労感がありますから。それを同じタイムで走れるようにしていくトレーニングなんです。自分の限界の、100パーセントの力をいかに持続していくか、鍛えていくかというトレーニングなんですよ。

そういう力は、欧米人に比べると日本人は弱いですからね。そこを補っていけるのが〝スーパーサーキット〟トレーニングなんですよ。

土井　全身の筋肉に負荷をかけながら、心拍数を上げていく運動を重ねていくんですね。ランニングをした直後に腕立て伏せをして、またすぐに走るといったような。

大西　僕らが実際にやっていたトレーニングメニューは、朝起きて、まずランニングをします。ウォーミングアップを兼ねてのものですが、その中で5分間、人の後ろについて走るというのがあるんです。何人かで組んで、先頭の人が好きなように走る。それにピッタリとついていくんです。自分でスピードコントロールをして走るのは、あらかじめイメージができるので簡単なのですが、人の動きを見て真似をするというのは、肉体がその準備に入っていないから物凄くきついんです。それで先頭になった時に、後ろについている人間が限界にきているなと思ったら、ワザと階段を思いっきり上ったり、Uターンしたりするんですよ。

髙田　公園のすべり台に上ったりね。若いお母さんが子どもを遊ばせているようなところで数人のカラダの大きな男が凄い形相でゼーゼーハーハー言っている。一つ間違えたら110番されますね（笑）。

大西　大阪城公園にあるクロスカントリーのコースみたいなところでそれをやって、次はアジリティ・ドリルです。これはアメリカンフットボールのトレーニングにもよく用いられていますが、敏捷性《びんしょうせい》を養うために行います。それからクールダウン。午前中の練習は2時間くらいですね。昼食をとって午後もまた〝スーパーサーキット〟です。

その内容は日によって違いますし、長い時間できるものではないのですが、最後の方は呼吸困難になって頭がボーッとしてくるんです。すぐに酸欠状態になりますね。僕なんかはそこでストップしちゃうけれど、髙田さんはそれからスクワットやベンチプレスをやるんです。この人、おかしいんちゃうかな、と（笑）。これを1週間、毎日やっていました。

髙田　〝スーパーサーキット〟は（自分への）自信になりますよね。あれだけのことをやったんだという自信です。

その間、特に食事を制限するようなことはありませんでした。でも何でもいいから食べようというのとは違いました。体重のことはそれほど考えずに、必要だと思う栄養素を含むものを摂《と》るように心がけてはいました。

猪が山のように大きく見える

おそらくは、8月15日に照準を絞りトレーニングを続けていた間は、髙田のメンタルはポジティブだった。自らが望んだヒクソン戦がようやく実現するのだから、気持ちが前向きにならないはずがない。

しかし夏以降の髙田からは輝きが消えていた、表情にも暗さが漂っていたように思う。髙田の心の中で「やりたかった闘い」が、「やらなくてはいけない闘い」へと変化していったのではないだろうか。

ヒクソン×髙田戦が正式発表された後、プロレス関係者の多くは、世紀の一戦の実現に決して好意的な見方をしていなかった。むしろ、「余計なことをやりやがって」との思いを抱いていたように感じられた。

髙田がヒクソンに敗れたら、その後どうなるのか——を考えていたからである。

ヒクソンに、或るいはグレイシー一族にかかわらなければいい。プロレスのリングに上がって来て闘え、と言ったところで彼らは、それを受け入れようとはしない。そこに付け込んで「奴らは逃げた」とアピールしておけばプロレス界の威厳は保たれる。ならば興行成績に、それほどのダメージを負うことはない。

でも、もしプロレス界のトップ選手がヒクソンにリアルファイトで挑み敗れたならば、どうなるのか。

ファンはプロレスから離れていくことだろう。プロレスよりも総合格闘技に興味を持つようになる。それはプロレス界において決定的なダメージとなると関係者は危惧していたのだ。

プロレス関係者も、リアルファイトで闘えば髙田に勝ち目がないと事前に予想していた。にもかかわらず、髙田がヒクソンに挑む。この時点でプロレス関係者は、髙田に対して冷たい目を向けぬわけにはいかなかったのだろう。

そんな周囲からの冷たい視線、そして好むと好まざるとにかかわらず背負わされるプロレス界の命運。そのプレッシャーに髙田は圧《お》し潰されそうになっていたのではないか。

これについて髙田は、ヒクソンと闘った後に、こう話している。

「いや、マスコミの報道から受けるプレッシャーというのは、ほとんどなかったんですよ。それほど気にもしていませんでしたから。

それよりも私が気持ちの中でヒクソンの存在を勝手に巨大化させてしまっていたんです。対戦相手を等身大に見ればいいのに、凄いんじゃないかとイメージを膨らませてしまった。それが、あのような試合になった大きな原因だと思います。

ヒクソン戦の後に、私はある人に、こんな話をされたんですよ。

山での猪猟ってあるじゃないですか。

その時にね、ベテランの人は、しっかりと猪を撃つんだけど、初心者の人は、それが上手くできないっていうんですよ。猪が自分に向かって凄い形相で突進してくる。すると撃たないで逃げ出したり、隠れたりしてしまう人が結構いるらしいんですよ。そうなると、『せっかく狩りに来たのになぜ、仕留めないんだ。なぜ、チームワークを乱すようなことをするのか?』と問い質《ただ》される。その時、逃げた人たちは必ず言うそうです。

だって猪が、とてつもなく大きく見えたから、と。

それって、どれくらいの大きさだ?

あそこに見える山のように大きな猪でした。

でも、そんな大きな猪がいるわけがないじゃないですか。それは、銃を持った時点で自分の気持ちが負けていて、だから相手をとてつもなく大きく見てしまっているんですよ。

おそらく髙田さんもヒクソンと闘う前にそんな状況に追い込まれてしまっていたんじゃないですか?と、その人に言われたんです。

その通りだったと思います。

実物以上にヒクソンという存在を私のイメージの中で膨らませてしまった。自分自身の中で勝手につくり上げた虚像に圧し潰されたようなものでした。そんな精神状態でトレーニングを続けていたから怪我も増え、肉体的なコンディションも崩していく。もう負のスパイラルに嵌《は》まってしまっていました」

6月に大西、土井らとともに〝スーパーサーキット〟トレーニングに取り組んでいた頃の高田のメンタルは、まだポジティブだった。しかし、その後、7月、8月、9月、そして直前の10月に入ってからもネガティブな状態であり続けた。

長野県の山中にて

ヒクソンが来日したのは決戦の19日前だった。97年9月22日、夫人のキム、息子のホクソン、クロン、そして弟のホイラーらとともに千葉県成田市にある新東京国際空港（現・成田国際空港）に姿を現した。

頭髪を綺麗に剃り上げており、すでに臨戦モードだ。それでいて表情は柔らかだった。出迎えた報道陣に笑顔を見せる。

「体調は万全だ。日本のファンにグレイシー柔術の強さを改めてお見せしたい。リングに上がるのが、いまから楽しみだよ」

そう話した後、ホイラー、ホクソンとともにメディアの写真撮影にも快く応じていた。

この日は、『PRIDE.1 オフィシャルガイドブック』の発売日でもあった。ヒクソンに一冊手渡す。ホイラー、ホクソンが覗き込む中、ヒクソンは、その場ですぐにページをめくり始めた。

「素晴らしいマガジンじゃないか。日本語が読めないので何が書かれているのかは解らないけれど、グッドピクチャーだ！　有難う」

その後に、「2日後に会おう」と言い残し、KRSが用意した都内のホテルに向かう車に乗り込んだ。


2日後の9月24日、ヒクソンが宿泊していたフォーシーズンズホテルで『PRIDE.1第4回記者会見』が開かれた。

第1回記者会見は、7月22日、ホテルニューオータニ・シリウスの間で開かれたヒクソン×髙田戦の正式発表。第2回は、8月15日に東京・水道橋にある後楽園飯店・保和の間で開かれており、ここでは極真カラテの黒澤浩樹と元大相撲横綱でプロレスラーの北尾光覇（光司）の『PRIDE.1』参戦が発表された。第3回は、六本木プリンスホテル・ムーングロウの間で行われ、和術慧舟會から村上一成（現・和成）と小路晃の参戦を発表。加えて決戦当日にラウンドガールを務める『KRS PRIDE.1 DOLLS』のお披露目もなされた。

第4回記者会見には、ヒクソン、髙田、黒澤、北尾の4選手が出席。大勢の報道陣を前にしてヒクソンも闘いへの決意を改めて述べていた。

翌25日には、新宿にあるアルタスタジオに赴きフジテレビの『笑っていいとも!』に出演し、『PRIDE.1』のプロモーションに一役買う。そして、そのままヒクソンたちは車で長野県北安曇郡の山中へと向かった。

試合が行われるのは10月11日。ならばヒクソンの来日は10月に入ってからというのが普通だろう。プロボクシングの世界戦の場合、対戦相手が来日するのは試合の約1週間前である。ところがヒクソンは19日も前に来日している。それは試合直前まで山籠りをするためだった。

ヒクソンは、山籠りについて言う。

「これは私にとって凄く大切なことなんだ」と。

ちなみにブラジルで試合をしていた時から、山籠りをしていたかといえば、そうではない。日本で試合をするようになってから彼は山へ行くようになった。『バーリ・トゥード・ジャパンオープン』に参戦していた時もヒクソンは山籠りを敢行している。

「何だよ、山籠りって。『空手バカ一代』の時代じゃあるまいし。興行を盛り上げるためのパフォーマンスじゃないのか」

そんな風に言う人もいた。だが、そんなはずはない。

長野県下の山中に入ってからヒクソンがメディアの取材に応じるのは、山籠り開始直後の僅か一日だけである。その日にはスポーツ新聞、格闘技専門誌、一般誌の記者、カメラマン以外に、バラエティ番組のワンコーナーを収録するために、タレントたちを伴ってテレビクルーもやって来る。

まず記者会見を開き質問に丁寧に答える。それが終わると山中を駆けまわり川原を走る。時には湖に飛び込みもしてカメラマンの期待に存分に応えるのだ。バラエティ番組の収録もサービス精神旺盛にこなしていた。

しかし、オープンなのは、その一日だけである。以降は完全シャットアウトとなり、決戦2日前までヒクソンは東京に戻って来ないのだ。

大会をメディアに煽ってもらい盛り上げたい主催団体にしてみれば、ヒクソンの山籠りは、それほど有難いことではない。山籠りをすることでヒクソンの神秘性は増大するが、トレーニングがまったく公開されないとなればスポーツ紙に定期的に情報を提供し紙面を賑わせてもらうこともできない。ヒクソンの山籠りはパフォーマンスなどではなく、あくまでも個人的な欲求、彼の言うところの自分にとって「凄く大切なこと」なのである。

では、家族とともに山に籠ったヒクソンは、そこで一体、何をしているのだろうか。ヒクソン本人にダイレクトに、そう尋ねた。

「大したことはやっていないよ。心を落ちつけながら時を過ごしている。それだけだよ」

ならば、メディア対応日以外の日に、一度、あなたを訪ねてもいいかと求めると、ヒクソンは「OK！　待っているよ」と応じてくれた。

午前5時にヒクソンが過ごしている山中の建物の前に着いた。長野県北安曇郡の夜明け前の空気は、まだ9月であるとはいえ、ひんやりと肌寒く感じた。静かである。鳥の囀《さえず》りも聴こえない。空気中に白く漂う息を発すると、それが確固たる音として私の周りに響いた。

空を覆う闇の色が徐々に薄まり始めた午前6時、トレーニングウェアに身を包んだヒクソンが弟のホイラー、息子のホクソンとともに山小屋から姿を現した。

私に視線を向け軽く頷いた後、ヒクソンは山に向かって歩いていった。ホイラー、ホクソンとともに肩ほどまでに雑草の繁った山道に入っていく。誰も言葉を発しようとはしない。ヒクソンが先頭を歩き、その後ろにホイラー、そして少々眠たそうな表情でホクソンが続いていく。ゆっくりと歩いていたかと思えば、ヒクソンが突然、走り出す。それにホイラーとホクソンがついていく。その後、ヒクソンは速度を落とし、またゆっくりと歩く。彼らはランとウォークを山中で繰り返し、約2時間かけて木崎湖へと辿り着いた。

すでに陽が昇っている。

湖をじっと見つめていたヒクソンが、いきなりトレーニングウェアを脱ぎ始めた。そして黒いパンツ一枚になり、つま先から、ゆっくりと水に浸しながら湖へと入っていく。いくらか泳いだ後に背を水面に滑らせるようにして仰向けで湖に浮かぶ。その様は、眠っているように見えるほどに静寂感を伴っていた。少し時間が経つと今度はクロールで泳ぎ始め、また再び湖面に寝そべる。広い木崎湖に独り、静かに浮かぶヒクソン――。雄大さを感じずにはいられぬシーンだった。20分ほどで水から陸に上がってきたヒクソンは、ホイラーからタオルを受け取ってカラダを拭き、愛くるしい笑顔を浮かべて言う。

「気持ちいいよ。水が冷たい？　そうでもないさ」

それから山小屋に戻り、軽く食事をする。再び外に出て散歩をした後に、今度は部屋の中でストレッチを始めた。

ゆっくりとした動作で一人黙々とカラダをほぐし続ける。時に、空気がいっぱいに張られたバランスボールの上にカラダを密着させてのっかかったりもしている。あまりに巧みなボディバランス。一度、のっかれば絶対にバランスボールの上から床へカラダを滑らせることはなかった。途中で何度か呼吸運動を繰り返し行ってもいた。これを見届けること約2時間――。

そして、また食事。

午後にはホイラー、ホクソンとともに外に出て、山小屋の壁を使ってロッククライミングを始めた。命綱を背につけて約15メートルはあろうかという石壁をスタスタと登っていく。慣れた手つき、足つきで僅か数十秒間で一番上まで辿り着いてしまった。おそらくは普段から親しんでいる遊びなのだろう。そうでなければ、地面に対して垂直に立つ壁を、あれほど軽快に登り切ることなどできない。

「凄いね、プロのロッククライマーにもなれるよ」

ロープを伝って下りてきたヒクソンに、そう声をかけると「これくらいはね……」と言わんばかりの表情で笑っていた。

次にホイラーがチャレンジする。ヒクソンほどのスピードは無かったが確実に登り切る。そしてホクソン。結構、手こずっていた。それでもヒクソンからアドバイスを受けながら時間をかけて登り切る。ヒクソンの夫人キムも加わって全員で拍手。ホクソンは安堵の笑みを浮かべながら下りてきた。

部屋に戻って、この日3度目の食事。

メニューは、いずれもシンプルなものだった。シリアルであったり、リンゴやバナナ、オレンジだったり、ゆで卵や玉子焼きだったり、焼いたチキンであったり、焼いたビーフであったり。決して凝った料理ではない。いずれも素材を存分に活かしたものばかりだった。

「大体、3時間おきに食事をするんだ。4回から5回に分けて食べることになる。特に時間や回数を決めているわけではないが、そんな感じになるんだよ。でも試合が近づくにつれて食事の回数は増えていく。一回に食べる量はそれほど多くはないんだが、一日6食くらいになるね」

夕方になって今度は一人でヒクソンが山中に向かった。そして木の枝にぶら下がる。次の瞬間、別の木の枝に跳び移った。しばらく時間を置いて、また別の木の枝にカラダを移動させる。そんな動作を繰り返し、20分ほどで地面に足を戻した。

「森は世界中にたくさんあるが、どこをとってもほかの場所と同じものは一つもない。だから面白いんだ。ここ（長野県北安曇郡の山中）は広いからバリエーションが多くて飽きないよ」

そう言ってヒクソンは笑っていた。

ヒクソンが山に籠る理由

山小屋に戻って、また食事。

夜になって、部屋でバランスボールと戯れているヒクソンに、幾つかの質問をしてみた。

――今日のあなたの行動を見ながら改めて考えたことがあります。それは闘う者にとって一番大切なことは何なのか、ということです。

「決まっているじゃないか、精神だ。言い換えれば、『俺は闘う』という強い意志だろう。強い気持ちを宿し、それを維持できなければ闘いに勝つことはできない」

――いまのあなたには、それがあると……。

「そうだ。そうでなければ闘いに向かおうとも考えないだろう」

――強い精神力も必要でしょう。そして具体的に言えば、闘いに向けての万全なコンディション調整も必要ですね。そのための山籠りだと。

「その通り。いま私はプロフェッショナルなファイターとして闘っている。まず、コンディションづくりを怠りなくやることはプロのファイターとして当然のことだ。そうでなければ対戦相手に対しても、試合を観に来てくれるファンに対しても、また大会のプロモーターに対しても失礼だろう。

そのために山に籠ることが私には必要なんだ。最終調整として、精神面をより完全なものにするためにね」

――今日、トレーニングを見せてもらいましたが、スパーリングは一切やりませんでした。でも誰も見ていない日にはやるのでしょうね。

「やるよ。特に隠すようなものではないから、あなたに見せてもよかったが、今日はその日ではなかった。それにスパーリングをやるのは少しだけだし特別なものでもない。

スパーリングパートナーは弟のホイラーだ。彼とやるのはハードな実戦的なものではなく、細かな技術をいま一度確認するためのものだ。いまの私にとって、改めて学ぶテクニックは何もない。必要なのは、これまでに体得しているテクニックを闘いの場で、使えるように整えておくことだ。スパーリングは、そのためなんだ。だから、この小屋の中の狭いスペースでも十分にできる。

闘いのために必要なのは精神だと私は言った。では人間が、よりよく生きるために必要なこととは何だろうか？　それは自分自身をよく知ることだ。そのためには、人間という存在が自然の中にあってこそ生命を保てていることを知る必要がある。都会の雑踏の中にいて、周囲からの騒音に悩まされることを私は好まない。

自然の中に身を置いた時、私の心は落ちつく。そして自分自身の気持ちに素直になれる。自分が何をしたいのか、すべきなのかもよく見える。そういう時間が必要なのさ」

——では、あなたにとってファイターとしてのトレーニングというのは、いかなるものなのでしょう。たとえばパワーアップをはかるためにウェイトトレーニングは格闘技選手にとって不可欠とされているが。

「ある程度のパワーは必要だろう。でもパワーだけに頼っていたなら、それは柔術でも、バーリ・トゥードでも闘ううえでパーフェクトではない。パワーよりもテクニックが重要であり、同時に精神を充実させ、安定させていなければならない。

実戦を考えるうえで、柔術のテクニックは最高のものであると私は思っている。これは揺るぎようのないものだ。

いま格闘技の世界において、筋力に頼ったパワーファイターが多くいるが、その傾向を私は感心しない。カラダに薬物を入れることは論外だが、単に派手な筋肉をつければ強くなるというものではない。筋肉は人に見せるために存在するんじゃない。カラダを効率よく動かすために補助的にケアしていくものなんだ。そして闘いに勝つためには、パワーよりも完璧なテクニックを優先して身につけるべきだ」

——試合に向けての本格的なトレーニングは3カ月前に始めると言っていましたね。

「そうだね。今回の場合、当初は、試合は8月15日に行う予定だったから、それに合わせてやっていたのだが、日時が変更されたことによって微調整を余儀なくされた。でも、それは大したことではなかった。

それに3カ月前から試合に向けてのトレーニングをするといっても、そこで特別なことをやるという意味ではないんだ。普段は道場で指導をしたり、全米各地でセミナーをやっている。でも試合の3カ月前になったら人に教えることをやめて、自分のトレーニングだけに専念するようにしている。もちろん、それ以前から常に、コンディションを整えてはいる。

規則正しい睡眠、規則正しい運動、規則正しい食事を心がけていたならば、コンディションに問題が生じることはない。ただ、ビジネスに関しての仕事がスケジュールの中に入ってくると、なかなかそうはいかなくなる。だから、雑念を頭の中から消して闘いに集中するために、3カ月という時間が必要なんだ。

試合の直前になって焦って何か新しい技術を急に覚えようとする選手がいるが、それは良い方法ではない。やり方に無理があると思う。試合の2カ月前、3カ月前になれば、その時点で自分が有している技術をいかにして発揮できるかを考えるべきだろう」

――でも作戦は立てますよね。試合に向けての。

「いや、それも意味があることだとは思えない。

私が対戦相手の試合のビデオテープを観るのは試合が決まった直後に一度だけだ。何度も観る必要はない。相手選手の顔とカラダを見れば、それで十分だ。なぜならば、私と闘う時に相手が、そのビデオテープの中の彼と同じ闘い方、同じ動きをするとは限らないからさ。相手に対するイメージを固定させてしまうのはよくない。いざリングに上がって、そのイメージと異なった場合に、自分がパニックを起こしてしまっては、どうしようもないじゃないか。どのような動きをしてこようと対処できるように準備しておけばいいんだ。相手の動きを研究して作戦を立てておくことなんてナンセンスだ」

――そのために必要なのがボディバランスということですか。あなたの一日の生活を見ていると、格闘技の試合とは関係のないことばかりしているように思える。でも実際にはそうではなく、すべてボディバランスを重視したことをやっている。

「そういう繋がりはあると思う。だが、これらは試合の前だからというのではなく私たちが日常的にやっていることだ。ここではできないけれど、リオ・デ・ジャネイロかサンタモニカにいたならば、私はホイラーと一緒に、いま頃はサーフィンをやっているだろう。でも、それはボディバランスを整える目的でやっているというのとは少し違う。結果的には、そうなるにしても、サーフィンは遊びであり、単に自然の中に身を置くことが好きだからやっているのさ。

いつも晴れている日ばかりじゃない。雨が降ることもあれば、風が吹くこともあり、ハリケーンが訪れることもある。南カリフォルニアでは雪と出合うことはないけどね（笑）。でも、それらすべてが自然なんだ。その中に身を浸しておきたい」

――先ほど、すでに新たな技術習得の必要はないと言いましたね。つまり完成型である、と。しかし、あなたも40歳に近づいている（当時37歳）。現在の強さを今後も維持していくのは大変でしょう。

「将来のことは私にもよく解らない。ただ、いまは闘うことだけを考えているから何ら問題はない。年齢は関係ない。すべては神が決めることだ」

ヒクソンは決戦2日前に東京に戻ってきた。そして大会前日には品川のホテルパシフィック東京で開かれたフォトセッションと最終ルールミーティングに参加。フィジカル、メンタルともにコンディションは良好のようだった。

一方の髙田は曇った表情をしていた。ヒクソン戦が決まり9月に入ってから彼はリングスの道場に前田日明を訪ねている。また急遽、ブラジルからセルジオ・ルイスという名の黒帯の柔術家をコーチとして呼び寄せもした。しかし、ヒクソンといかに闘うかは定まらず、恐怖心だけを膨らませていた。

自らの中でつくり上げたヒクソンの巨大なイメージに圧し潰されそうになっていた髙田と、相手が誰であるかを忘れてしまうほどに達観していたヒクソン。この時、すでに勝負はついていたのだ。

それにしても……と思うことがある。

そもそも、この世紀の一戦は髙田が望んで実現したものである。

96年秋、UWFインターの名古屋大会が終わった後、髙田と後にPRIDEの代表となる榊原信行（現『RIZIN』実行委員長）は酒を酌み交わし、そこで髙田が、こう話をしたと言われている。

「俺最近、いよいよ引退について考え始めたんだよ。でも最後は凄い相手と闘いたい。マイク・タイソンとか、ヒクソン・グレイシーとか」

自らも応援していた髙田に、そう胸の内を打ち明けられたことで榊原の心は動いた。髙田さんのためにも、ヒクソン×髙田戦は絶対に実現させなければ、と——。

当時、榊原はイベント事業を行う東海テレビ事業株式会社の社員だった。だが、その枠を超えて奔走。そして『PRIDE.1』を実現させる。それは髙田にとって自らが望んだ最高の舞台だ。日程の変更があったり、地上波でのテレビ中継が実現しなかったり、他の障害があったり、あるいは最高のコンディションをつくれなかったとしても、あれほどまでにモチベーションが低下する理由になるとは思えない。

穿《うが》った見方かもしれない。

でも、こうではなかったかという仮説を私は、いまも捨て切れないでいる。

「マイク・タイソンかヒクソンとやりたい」

榊原にそう話した時、高田はリアルファイトを闘うつもりでいたのだろうか。プロレス界で長く生き続け、アントニオ猪木に憧れ続けた高田は、あの時、「自分が勝ち役でタイソンかヒクソンとやりたい」という意味で言ったのではなかったか。だが榊原をはじめKRSは、リアルファイトを念頭に話を進めていった。そう考えると高田のモチベーションの低下、メンタルの悪化の理由がすんなりと納得できる。

第6章

「冷たい雨」

1997年10月11日

『PRIDE』が開催される日は、いつも晴れていた。

そんなイメージがある。

傘をさして会場に向かった記憶がない。

「今日も晴れましたね」

「ええ、私、晴れ男なんです」

PRIDEで広報を担当していた笹原圭一と会場で幾度となく、そんな会話を交わしたことを憶えている。

『PRIDE.1』から、ラスト興行となる2007年4月8日、さいたまスーパーアリーナでの『PRIDE.34』まですべての大会を、私は現地に足を運び取材してきた。『PRIDE GPシリーズ』、『PRIDE武士道』、大晦日の『PRIDE男祭り』、米国ラスベガスで開催された2大会、またスピンオフイベントであった『THE BEST』に至るまで、すべてをである。

その中で晴れなかったと記憶しているのは、04年の大晦日に開催された『PRIDE男祭り』(メインエベントは、エメリヤーエンコ・ヒョードルVSアントニオ・ホドリゴ・ノゲイラ）だけである。
あの日は関東地方が大雪に見舞われた。そのために生じた交通渋滞にアントニオ・ホドリゴ・ノゲイラが乗った車が巻き込まれる。その結果、オープニングセレモニーの時間までにホドリゴは、さいたまスーパーアリーナに到着することができなかった。

そのためオープニングセレモニーには、この日は試合が組まれておらずセコンドとして来日していたホドリゴの双子の弟、アントニオ・ホジェリオ・ノゲイラが替え玉として登場する。

ファンの声援を受けて複雑な表情を浮かべていたホジェリオの姿は忘れ難い。

雪と雨は違う。

大晦日の雪は、ファンの出足を鈍らせるものではなく、逆に冬の情緒を感じさせてくれるものだった。


ＰＲＩＤＥシリーズの旗揚げ戦『ＰＲＩＤＥ．１』が開催された１９９７年10月11日も東京の空は晴れ渡っていた。最高気温24度、暑くもなく寒くもない、過ごしやすい秋の空気に街は包まれていた。

晴れている朝の空を確認してから私はベッドに入り数時間の仮眠をとった。眠れなかったのは、世紀の一戦を前にして緊張していたからではない。さまざまな打ち合わせや、編集準備に追われ時間が過ぎていったのだ。これは、『PRIDE.1』の運営スタッフも同じだった。これまでに格闘技イベントに携わった経験のある者は、ほとんどいない。そんな中で彼らは右往左往しながら何とか大会を成功させたいと身を粉にして働いていた。前出の笹原も、その一人だったのである。

ヒクソンの余裕

ヒクソンは、黄と紺を基調としたウィンドブレーカー調のチームウェアに身を包み、キャップを被りサングラスをかけ、一本の杖を手に会場入りした。表情は穏やかだ。当時15歳の息子ホクソンに何か話しかけながら東京ドームの関係者ゲートから入った。

高田も陣営とともに会場入りする。

表情に笑みこそないが、気負いは感じられない。淡々とした足取りで無言のまま東京ドーム内の控室へと向かった。

高田にとって東京ドームは何度となく訪れ、リングに上がった会場である。大観衆の前に立つことにも慣れていた。だが、ヒクソンは、そうではない。『バーリ・トゥード・ジャパンオープン』のトーナメントに出場したことで、東京ベイNKホール、日本武道館のリングには上がっている。ブラジル国内でもズールと2度闘ってはいるが、それは東京ドームほどのキャパシティを誇る会場ではなかった。場慣れという点においては、髙田にアドバンテージがあったはずである。


17時から少し押してオープニングセレモニーが行われる。

「ようこそ、歴史の証人たちよ！　伝説は、いまここから始まる！」

そんなリングアナウンサーの叫びによりイベントはスタートする。

この『PRIDE．1』では、8試合が組まれていた。基本は総合格闘技ルールなのだが、中にはスタンディングバウト（キックボクシングルールでの闘い）もあり、それぞれの試合で時間規定など多少ルールも異なったりしていた。

ヒクソン×髙田戦の前に行われたのは次の7試合だった。

▼第1試合　総合格闘技ルール（5分3ラウンド）
○村上一成（和術慧舟會）【腕挫ぎ十字固め、1ラウンド1分34秒】ジョン・ディクソン（米国）●
▼第2試合　総合格闘技ルール（10分3ラウンド）
○ゲーリー・グッドリッジ（トリニダード・トバゴ）【TKO＝レフェリーストップ、1ラウンド4分57秒】オレグ・タクタロフ（ロシア）●

▼第3試合　総合格闘技ルール（10分3ラウンド）
△ヘンゾ・グレイシー（ブラジル）【時間切れ引き分け】小路晃（和術慧舟會）△
▼第4試合　総合格闘技ルール（5分3ラウンド）
○北尾光覇（武輝道場）【腕固め、1ラウンド2分14秒】ネイサン・ジョーンズ（オーストラリア）●
▼スペシャルマッチⅠ　スタンディングバウト（3分5ラウンド）
×ブランコ・シカティック（クロアチア）【無効試合、1ラウンド1分52秒】ラルフ・ホワイト（米国）×
▼スペシャルマッチⅡ　総合格闘技特別ルール（3分5ラウンド）
○イゴール・メインダート（ロシア）【TKO＝レフェリーストップ、3ラウンド1分16秒】黒澤浩樹（極真会館）●
▼第5試合　総合格闘技ルール（30分1本勝負）
△ダニエル・スバーン（米国）【時間切れ引き分け】キモ（米国）△

アンダーカードにおいても、総合格闘技創成期においては錚々《そうそう》たるメンバーが揃っていた。ゲーリー・グッドリッジに敗れたオレグ・タクタロフは、UFCのトーナメント王者であったし、キモ、ダニエル・スバーンもUFCで実績を残しているファイターだった。

ブランコ・シカティックは、初代K－1チャンピオンである。

ヒクソンの従兄弟の息子であるヘンゾ・グレイシーを相手にアグレッシブに攻めドローファイトを演じた小路の存在も光ったが、この中で印象深いのは、17年3月、54歳の若さで他界した黒澤が、極真カラテのトップ戦士でありながら、総合格闘技のリングに足を踏み入れた一戦である。

この試合は、スタンディングバウトではなくグラウンドの攻防も認められていた。総合格闘技に近いルールでありながら、ロープブレイクが認められるという変則ルールが採用された。

『PRIDE.1』は、全試合がパーフェクTV！のPPVで生中継されていた。この中で私は、ブランコ・シカティック×ラルフ・ホワイト戦、黒澤浩樹×イゴール・メインダート戦の解説を務め、試合を放送席から見ていた。

ドーム内に映画『スピード』のテーマ曲が流れ黒澤が花道をリングへと向かう。後に、この『SPEED TK REMIX』は桜庭和志の入場テーマ曲として定着するが、もともとは、ミュージシャンの小室哲哉が親しくしていた黒澤に贈ったものだった。

「黒澤、極真魂を見せてくれ！」

そんな叫び声の中、黒澤はリングに向かって歩を進める。身に纏ったカラテ衣には「極真」の文字が縫い込まれている。しかし、彼の近くに、極真会館館長である松井章圭

（現・章奎）の姿はなかった。かつてのライバルである増田章や緑健児の姿もない。この時、黒澤は所属している極真会館のバックアップを得ることはできなかった。そもそも館長である松井が、黒澤の『ＰＲＩＤＥ．１』参戦に賛成していなかったのだ。セコンドには、後に『４スタンス理論』を提唱、この頃はパンクラスでレフェリーを務めていた廣戸聡一がついていた。

開始のゴングが鳴ると、黒澤は得意の下段廻し蹴りを放っていく。しかし、身長２０３センチ、体重１３０キロの巨漢でバックボーンはレスリングであるメインダートはすぐに距離をつめ、逆にプレッシャーをかけてグラウンドの展開へと持ち込もうとする。闘いは噛み合わない。黒澤にも迷いがあったように見えた。

一進一退の攻防の中でアクシデントは起こる。２ラウンドにメインダートに押し倒されるようにマットに着地した際に黒澤は右脚の靭帯を断裂。それでも試合を放棄することなく闘い続けたが、３ラウンドについには立てない状態となりレフェリーストップが宣された。

苦痛に耐えながら険しい表情を浮かべ、セコンドに肩を借りて痛々しく控室へと戻る黒澤の姿を見届ける。

その後に放送席からドーム内を見渡した。

首を回旋させると面白い現象に気づいた。東京ドームの観覧席にドーナツが描かれていたのである。この日の観衆は主催者発表で4万6863人。大観衆が集っていたが、それでも空席がなかったわけではない。空席は一部に片寄っていた。リングサイドをはじめ、フィールド席はほぼ埋まっている。また、最上段も満席だ。空席があるのは、その間なのである。

リングサイド最前列付近（ロイヤルリングサイド）のチケット価格は10万円。スペシャルリングサイドが3万5000円。ここは熱狂的なファンやスポンサーサイドによって購入されている。逆に、それほどお金は払えないが、どうしても現場でヒクソン×髙田戦を観たいという人たちは、リングからは遠い3000円（スタンドD）、5000円（スタンドC）の席を買い求めた。その結果、客席の中央部分に空席ができ、ドーナツが描かれたように見えたのだ。

私はドーム内の一室につくられていた『PRIDE．1オフィシャル速報ブック』の仮設編集部に向かった。そして、試合が映し出されるモニターの前に座り、編集部員たちと打ち合わせをする。この時私は、同書の編集長を務めていた。

この頃、髙田とヒクソンは、控室を出て、外野のバックスクリーン裏へと移動を始めていた。

選手は入場する際に、まずは外野のバックスクリーンの手前に設けられたステージに姿を現す。入場テーマ曲が流れる中、そこから歓声を耳にしながらリングへと向かうのだ。

そのため、バックネットの後方にある控室からバックスクリーン裏へと車で移動をする。

控室を出る前にヒクソンはセコンドにつくホイラー、息子である15歳のホクソンと9歳のクロン、そして数人の仲間たちと円陣を組み、神への祈りを捧げた。いつもの儀式だ。この直後、控室を出る前にヒクソンは周囲を見渡す。皆、準備を整えながら慌ただしく動いている。そんな中で、クロンがポツンと立っていた。まだ9歳でセコンドにつくわけにもいかず、「何をすればいいのか」「何ができるのか」と戸惑った表情を浮かべている。

そこに、ヒクソンが近づいた。

「クロン、お前に大切なことを一つ頼む。この杖をしっかり守っておいてくれ。私が試合に勝ってここに帰ってくるまで、お前に預けるから頼むぞ」

クロンはヒクソンから杖を受け取る。

その杖を両手で摑み瞳を輝かしていた。

これから闘いに行く。生まれて初めて4万人を超える観衆の前で闘う。そんな状況下でもヒクソンには周囲に気配りをする余裕があった。

セコンド陣とともに乗り込んだワゴンカーでバックスクリーン裏に向けて、東京ドームの地下通路を移動する。その時、ヒクソンたちが乗り込んだワゴンカーの前を一台のセダンが走っていた。ゆっくりと走っていたセダンから、なぜか多量の排気ガスが吐き出される。それは視覚的に十分にわかるものだった。

「窓を閉めろ！」

ワゴンカーの助手席に座っていたホイラーが怒鳴り声を上げる。

グレイシー一族は煙草の煙を嫌う。ひいては空気の汚れに対しては、つとに敏感である。試合の直前に排気ガスが車内に漂ってきたとなれば、ホイラーが怒鳴り声を上げるのは当然だろう。彼は苛立っていた。ほかのメンバーも表情をこわばらせる。でも、この時、ヒクソンは笑っていた。そして言った。

「まあ、仕方ないじゃないか。怒らずいこうぜ」

私はセミファイナル（第5試合）のダニエル・スバーン×キモ戦を仮設編集部でモニタ一観戦した。

モニターでの試合観戦は、その後すぐに原稿執筆に取りかからねばならない記者にとっては有効な方法だ。会場内に設けられた記者席からかなり遠い位置にあるリングを直《じか》に観るよりも、モニター越しに観る方が試合の流れがよく解るからだ。

30分フルタイムドローとなったダニエル・スバーン×キモ戦はモニターで観た。あと数分で胸が張り裂けんばかりの期待を込めて待ったメインエベントが始まろうとしている。最初はモニター越しに試合を観ようと思っていた。だが気がつくと、通路に出て、人工芝の上にリングと折り畳み椅子が置かれているフィールドへと向かっていた。やはり、この試合だけは、肉眼で直《じか》に観ずにはいられなかった。たとえ距離のある位置からであろうとも、同じ空気が流れている場所にいたいと思った。

「プロレスを信じたい」との想い

先にリングに上がったのはヒクソンだった。テーマ曲『ラスト・オブ・モヒカン』がドーム内に流れる中、フード付きで背中には『RICKSON GRACIE』の文字が縫い込まれた白いガウンを身に纏い、ゆっくりと悠然とリングに向かって歩を進める。広い会場である東京ドームの選手入場には、それなりの時間がかかる。だが、それを観る者に長いとは感じさせない緊張感が漂っていた。

続いてテーマ曲『トレーニング・モンタージュ』が流れる中、フード付きのパープルのガウンに身を包んだ髙田が、バックスクリーン前に設置されたステージ上に姿を現す。この日一番の大歓声にドーム内は包まれた。

「タカダ～!!」

多くのファンが幾度となく叫び続けていた。

髙田はゆっくりと花道を歩き、フィールドに下りた後、セコンドとともにリングへと向かう。そこに、宮戸優光、安生洋二が寄り添っていた。田村潔司、高山善廣、金原弘光、山本健一、垣原賢人らの姿も見える。

宮戸が先導していた。そして安生は、髙田の隣に立ち右拳を突き上げてファンの声援を煽っている。UWFインターの団結を目のあたりにして、ファンのボルテージは高まった。この日、会場に集まったファンの多くは、これまでプロレスを観続けてきた者で、髙田に期待を寄せていたのである。

プロレスを信じたい――。

その想いがドーム内に充満していた。

リングインする直前、髙田は安生と抱き合う。その姿に観衆のボルテージは、さらに高まった。

この入場時のシーンについて、私は後日、一緒にビデオテープを観ながらヒクソンに尋ねた。

――入場直前、バックスクリーン前のステージに立った時、あなたは口を動かしています。あれは、何を話しているのでしょう。

ヒクソン　何も話してはいない。この時は単に呼吸を整えていたんだ。呼吸をすることによって自分のテンションを高くすることもできるし、高くなり過ぎた気持ちを抑えることもできる。上手に呼吸をすることによって、その時に自分が一番持っていきたい精神状態に導くことができるのさ。自分自身のメンタルをコントロールするには呼吸をすることが最良の方法なんだ。

——試合前に験《げん》を担ぐ選手もいますね。たとえばボクサーであれば、リングシューズを右足から履くか、左足から履くかとか、或るいは控室を出る時は一歩目を必ず右足から踏み出すとか、そういう具合に。あなたも何か験を担いでいますか?

ヒクソン　あまり考えたことはないが、一つだけある。それは何があってもロープを潜る形でリングに入ることは絶対にしないことだ。リングに入る時は必ずロープを上から跨ぐようにしている。

——それは、どうしてですか。

ヒクソン　何かの下を潜るというのが嫌なんだ。自分自身をロープの下に位置づけることも嫌なんだ。ロープを飛び越えることがグッドラックを自分に与えてくれると信じている。

——あなたが髙田選手よりも先に入場して、青コーナーに立ちました。チャンピオンが赤コーナーに立ち、チャレンジャーが青コーナーに立つ場合が多いが……。

ヒクソン　それは、どっちでもいいよ。

——東京ドームのような大きな会場だと花道を歩いてリングに辿り着くまでに結構な時間がかかります。リング上で髙田選手を待っている時間というのは嫌ではなかったですか。

また、その時間に、あなたは何を考えていたのでしょうか。

ヒクソン　リング上で待つ時間が長いからといって別に深く考えることもなければナーバスになる必要もない。特に嫌ではないが、かといってテンションが上がるわけでもない。

何を考えているか、何を見ているかといえば、周囲の照明を見たり、お客サンを見たり、オーロラビジョンを見たりしていた。そうすると感謝、敬意の気持ちが湧いてくる。闘う前は、東京ドームという大きな会場で試合をすることが夢の一つだったからね。自分が、この場で闘えることを試合前に感謝したよ。

あとタカダが、どんな色のガウンを着て出てくるのかなとか、そんなところを見ていた。自分のことは完璧にコントロールできていたから、気持ちは落ちついていた。闘う前に緊張したりすることもないんだ。

——あなたはガウンもトランクスも白で統一していた。白を選んだ理由は何ですか。

ヒクソン　白というカラーが好きだ。白というカラーは自分にパワーというか、エネルギーを与えてくれる。そんな風に思っているんだ。

——髙田選手がリングに上がる際に、かつてあなたのところへ道場破りを敢行した安生選手と抱き合うシーンがありましたね。それについて試合直後に、あなたは言いました。「強い者は他人から力を授からないものだ」というようなことを。あのシーンは気になりましたか。

ヒクソン　特に気にしたわけではないが、リングに上がる寸前に、ああやって抱き合うというのは、その瞬間まで自分にはない何かを他人に求めているのだと思った。抱き合いたければリングに行くまでに控室で1時間でも2時間でも抱き合っていればいい。ああいうシーンは、対戦相手に自信の無さを感じ取られてしまう。弱い部分があることを私に見せてしまった。控室では私も兄弟や息子と抱き合うこともある。だがリングに上がる直前に、ああいうことは絶対にしない。

まさかのタップ

ブラジル、日本両国の国歌がドーム内に流れた。ブラジル国歌はテープによって流され、君が代は、SHOW－YAの元ボーカル、寺田恵子によって独唱された。

いよいよ闘いの刻が近づいた。リングアナウンサーが両選手の名をコールしようとした直前、客席からは大音量で髙田コールが湧き起こった。

「タカダ、タカダ、タカダ、タカダ、タカダ……」

この日、会場に集まったファンのほとんどは「髙田に勝って欲しい」との想いを胸にしていた。皆、プロレス体験者なのである。心の中では不安を感じながらも、「髙田にプロレスを守って欲しい」、もっと言えば、「俺たちプロレスファンの想いを壊さないで欲しい」と切に願いリングを見守っていたのだ。

「青コーナー、178センチ、84キロ、ヒクソン・グレイシー」

そうコールされるとヒクソンは四方に向かって頭を下げる。

「赤コーナー、183センチ、95キロ、髙田〜、延彦」

場内からは大声援が湧き起こった。

両者がリング中央に歩み寄る。

レフェリーの島田裕二がヒクソン、髙田のカラダを触り、その後、反則事項について説明している。実際には意味のない行為だ。両者のボディチェックは、リングインする前にすでに済まされているし、ルールに関しては前日のミーティングで両者確認済みである。ヒクソンも髙田も、レフェリーの声など聞かずに闘いに備えていた。

ヒクソンと髙田は視線を合わせて握手を交わし、互いのコーナーに一度下がる。緊迫した空気が漂う中、第1ラウンドのゴングが打ち鳴らされた。

奇襲攻撃は互いに行わなかった。

もしかすると髙田が何かやるのでは、と私は期待したのだが、彼は距離をとって腰を引いて構えた。一方、ヒクソンは背筋を真っすぐにし顔を突き出すいつも通りの独特のポーズをとった。ヒクソンが左右の拳を動かしながら髙田に近寄る。すると髙田は時計まわりにステップを踏んだ。リング中央でどっしりと構えるヒクソンに対して、その周囲を髙田がまわる。

リング中央に立つヒクソンの剃り上げた頭部に照明が当たり続けている。その様は、まるで、ヒクソンが頭から後光を放っているようにも見えて神々しく感じられた。

1分が過ぎていく。

ファーストコンタクトは、髙田が下がりながら放った右ローキックだった。踏み込んでの蹴りではないから、そこに威力はなく、ヒクソンも難なくかわす。それでも場内からは「オーッ」という響《どよ》めきが湧き起こった。その後も髙田は、ヒクソンの周囲をまわり続けた。そして2分が過ぎる。

ヒクソンはプレッシャーをかけ続け、髙田を青コーナーに追い込んで組みつく。

この時、髙田は反則を犯した。

(倒されてグラウンドに持ち込まれてはいけない。寝業になれば勝機はない)

そう考えていたのだろう。無意識のうちに倒されまいと左腕でロープを抱えてしまったのだ。

ヒクソンが、髙田のカラダを抱えながらレフェリーの島田にアピールしている。

すぐに両者は分けられ、髙田に「注意」が与えられたことが場内に告げられた。

「注意」が与えられた場合には罰則がある。まず罰金としてファイトマネーの中から相手選手に対して、100万円を支払わなければならない。加えて、再度「注意」が与えられた時点で「失格負け」となる。髙田は追いつめられていた。

互いにグローブを合わせて試合は再開される。この直後に試合は動いた。

ヒクソンが髙田の膝に向けての右の蹴りを数発繰り出しながら距離をつめる。そしてタイミングを見計らって体勢を僅かに低くして組みついた。両者がマットに両膝をつく。その直後、髙田は立ち上がって右膝蹴りを放とうとするが、その不安定な状態になった瞬間をヒクソンは見逃さなかった。髙田の膝蹴りを喰らう前に、両腕で髙田を抱えて持ち上げマットに叩きつけたのだ。

「あ〜っ」客席からタメ息が漏れる。

セコンドについていた宮戸と安生が髙田に対して何かを叫んでいたが、その声も大観衆のざわめきにかき消された。

展開はスタンドからグラウンドへと移る。この際のヒクソンの動きは機敏だった。ヒクソンはアッサリとマウントポジションを得ていたのだ。

この体勢になれば、もうヒクソンの独擅場である。髙田は下になった体勢からヒクソンに抱きつくが、そのやり方では時間は稼げても状況を好転させることはできない。ヒクソンは、じっくりと仕留めにかかった。抱きついてくる髙田に対して、まず胸を離し、首に肘を落とす。その後、髙田の右脇腹にヒクソンは何発ものパンチを入れた。それでも、状況を好転できなくても髙田は粘った。ヒクソンの胴体に抱きつき続ける。

マウントポジションを保った状態で、ヒクソンはセコンドについている弟のホイラーに視線を向けた。その時、ホイラーは叫んだ。

「あと30秒！」

1ラウンド終了までの時間を告げたのだ。ヒクソンは小さく頷き、その数秒後にアクションを起こした。

右肘で髙田の首に圧力を加えた直後、体勢を半転させる。髙田の右腕を両腕で抱え、一気に腕挫ぎ十字固めを決めに入ったのだ。

再びドーム内に響めきが起こる。

決まってしまうのか……観る者が、そう思うと同時に髙田は右手でヒクソンの左膝を叩き「ギブアップ」を表示した。

ヒクソンのアームバー（腕挫ぎ十字固め）の決め方は常に実にシンプルだ。

柔術や総合格闘技の大会では、まず相手の腕を取り、腕挫ぎ十字固めの体勢に持ち込む。すると、相手も抵抗し、多少の攻防を伴って結果的に決まるというシーンを、よく目にする。しかし、ヒクソンの場合は、そうではない。腕を決めにかかった時には、相手の抵抗は許さない。瞬時に決めてしまう。それは、ヒクソンの中で「決めのイメージ」が、しっかりとでき上がっているからだろう。

髙田がタップをすると、ヒクソンはすぐに両手を離し、両陣営がリングに雪崩《なだ》れ込む。

立ち上がったヒクソンの右手をレフェリーが高々と差し上げた。

実況席ではアナウンサーが絶叫している。

だが会場からはタメ息が漏れ、その後、静まり返った。

私も決着がついてから数十秒間、放心状態になった。

「エッ！」と小さく言葉を発した後、動けなかった。

それは、髙田が負けたことによるショックでは勿論なかった。結果は予想通りだったが、まさか、髙田がギブアップするとは思っていなかったからだ。

大観衆が見つめる中での大一番である。プロレスファンは髙田を信じて東京ドームに集まっているのだ。『パーフェクTV！』でPPVを購入し、全国のファンが見守ってもいた。

そんな状況下で、裸絞めを決められたにせよ、腕挫ぎ十字固めを決められたにせよ、あるいはほかのサブミッションを決められたり、グラウンド状態でパンチを顔面に浴び続けることがあったにしても、自ら試合放棄するタップは有り得ないと思っていたのだ。

勝負は最後まで諦めてはいけない。ヒクソン×髙田戦のようなスーパーファイト、言い換えれば「決闘」であったならば、それはなおさらだ。あの時、私はアッサリとタップをした髙田を許せない気持ちになっていた。

諦めなければ、かなり低い確率ではあるけれども何が起こるかはわからない。これは極論だが、腕を決められてもタップをせずに耐える間に、もしかすると東京に大地震が起こるかもしれないのだ。そんなことは、まず無いだろうけれども、それに賭けてでもタップはしたくないという闘いではなかったか。

レフェリーに止められての敗北なら仕方がない。あるいは耐えて腕を折られたとしても、そこまでやるべきではなかったのか。

私は、あの時、髙田にガッカリした。そこまでか、と思った。

「腕の一本くらいくれてやる」

思い出すことがある。

もう三十余年も前の話だが、前にも触れたように私は高校時代、柔道をやっていた。「強豪校」と呼ばれるような学校の柔道部に所属していたわけではなかったし、大した結果も収められなかったが日々、練習に勤しんでいた。

さまざまな大会に出場する中で私は、「乾いた音」を2度聴いた。

初めて「乾いた音」を聴いた時のことは鮮明に憶えている。

高校2年生の時で場所は、国士舘大学（東京・町田市）内の柔道場だった。ここで東京・三多摩地区の予選が行われた。団体戦で私たちは、すでに敗れていたのだが、その後に行われた準決勝戦を見守っていた。強豪校と無名に近い学校との対戦だった。誰もがアッサリと強豪校が勝つと思っていた。ところが、意外な展開となる。先鋒戦から副将戦までが引き分け、勝負は大将戦へと持ち込まれたのだ。

それでも強豪校の勝利は動かないように思えたが、結果はそうではなかった。

序盤は強豪校の主将が組み手で勝り、試合を優位に進めていた。だが1分過ぎ、強豪校の主将が内股を仕掛けた直後に、技が決まらぬまま両者が青畳の上に倒れ込む。まさかのシーンが生じたのは、その直後だった。

無名校の選手であったとはいえ、おそらく寝業においては、かなりの技術を習得していたのだろう。審判に「待て！」とコールされる前に完璧な形で腕挫ぎ十字固めを決めてしまっていたのだ。

道場内が一瞬、静かになった。

足のフックも十分で腕挫ぎ十字固めは完璧に決まっていた。決められた強豪校の主将は額に大粒の汗をかきながらもタップをしない。いや、できなかったのだろう。主審は戸惑った表情で強豪校の監督に視線を向ける。試合を止めていいのかどうか迷ってしまっていた。おそらく、ここで強豪校が負けていいのかという忖度《そんたく》が働いていたのだろう。強豪校の監督は腕組みをしたまま表情をこわばらせていた。その直後である。「バキッ」という乾いた音が道場内に響いたのは。

あの時、私は強豪校の主将の気持ちが痛いほどわかった。たかが高校生の柔道の試合で……と思われるかもしれない。そこまでやらなくても、というのは、もっともな意見だと理解している。それでも敗北を敢然と拒否せねばならない時もあるのだ。もし、腕挫ぎ十字固めを私が決められていて立場が彼と同じだったとしたら、とてもギブアップはできなかっただろう。

「仕方がない。腕の一本ぐらいくれてやる」

そう思うしかなかったと思う。

その後、3年生の時に同じような状況に遭遇したが、やはり同じ想いを抱いた。「絶対に負けられない闘い」においては、自分のカラダを守ることを優先してギブアップすることなどできないのだ。それは、競技者としてではなく、格闘者としての矜持《きょうじ》である。

それなのに髙田は、東京ドームの大観衆の前でアッサリとタップをした。

信じられなかった。虚脱感に見舞われて絶望的な気持ちになった。

冷たい雨が降り注ぐ中で

ヒクソンが勝利した直後、息子のホクソン、弟のホイラーらセコンド陣が喜びの表情を浮かべて勝者に抱きつく。だがヒクソンは無表情だった。勝利者トロフィーがヒクソンに手渡される。ちょうどその時、マットの上に倒れていた髙田がスクッと起き上がり、安生に肩を抱かれた後、ＵＷＦインター時代の仲間たちとともにリングを下りた。

ヒクソンは、リングサイドで見守っていた夫人のキムを呼び寄せてロープを挟んでキスをした。

メインエベントが終われば、多くのファンは席を立って出口へと急ぐ。これが通常の光景だが、この日ばかりは違った。席から立ち上がることができずに虚脱感に見舞われている者が多くいた。リング上は騒然としていたが、客席は、まるでお通夜のように静まり返っていたのだ。

試合後には、勝者も敗者もインタビュースペースに足を運び、報道陣からの質問に答えることになっていたが、そこに髙田は姿を現さなかった。

そのため記者たちは着替え終えて控室から出てきた髙田を追いかける。コメントを求められた髙田は「ここで？」と言って立ち止まる。

「押さないでください。危ないですから」

関係者の一人が、そう叫んだ後、髙田が口を開いた。

「あんまり何も言うことはないんですけど、今日の結果は見ての通りです。えー、ですけど今日が終わりだと思わないでください。自分にとっては、これがスタートです。まあ、スタートというよりも第一歩です。ええ、今日はこの辺で」

それだけ話すと髙田は歩き出し、報道陣からの質問を受けることなく東京ドームを後にした。その翌日、彼はハワイへと旅立っている。これは試合前から決めていたことらしい。対戦から2カ月後の97年12月に私は、米国へ飛びヒクソンに会った。そして髙田戦について改めて尋ねてみた。

――これは、髙田選手との試合に限ったことではありませんが、あなたの構え方は独特ですね。何時頃《いつ》から、そういう構え方をしているのですか？

ヒクソン　私は柔術自体を父（エリオ）から習ったので、父から受け継いだと言えるのかもしれないが、勿論、「こういう風に構える」と指導されたわけではない。自分が自然に身につけたスタイルだ。

――通常、打撃技が認められている格闘技では、顎を引くことが構えの基本のように言われています。総合格闘技でも当然、打撃技が使われます。でも、あなたは顔を前へ突き出すようにして顎を引かずに構えている。その辺りは、どう考えているのでしょう。

ヒクソン　顔を突き出しているとか、顎を引いていないとか、そういうことを気にしたことはない。ただ、あのスタイルが自分がファイトするにおいて一番良いポジションなんだ。顔の位置も、拳の位置も、脚の位置もトータル的に考えてもっとも動き出しやすいんだ。私にとってはベストな構え方ができていると思っている。

たとえばボクシングの選手なら、相手がパンチを放ってくること、その後に自分がパンチを放つことも考えて、ああいった顎を引く姿勢ができ上がったのだと思う。だが私は、相手のパンチを喰らうことに大した不安を抱いていない。もし、喰らったとしても、その後に自分がどのように動いて相手を倒し、抑え込んでいくかが重要なポイントになる。

柔道を観ているとよく解ることだが、強い選手、レベルが高い選手であるほど自分の構えというものをしっかりとつくり上げている。腰を引くことなく自然体で構えられる選手は強いだろう。大切なのは常に崩れぬ自然体でのスタイルを持つということなんだよ。

構え方というのは、その競技によって、また個人によっても異なるもの。自分にとっては、いまの構え方がベストだと考えている。

――格闘技界では一つ、格言のように言われていることがあります。試合が始まれば、どちらの選手が格上で、どちらの選手が格下かすぐに解る、と。格下の選手は、とにかくよく動く、相手の周囲をグルグルとまわる。対して格上の選手は中央にドッシリと構えていると。あなたと高田選手の試合の場合、結果的に、その通りになりました。

ヒクソン　そのことは意識している。特にリングのような狭い空間で闘う場合は、そのことが、そのまま当てはまるだろう。私は常にリングの真ん中にいた。なぜならば真ん中以外のところで闘いたくなかったからだ。タカダは真ん中で闘うことを嫌うようにグルグルとまわっていたが、まわったところでスペースの狭いリングだ。まわっても仕方ないだろう。

自分が考える強い者同士の闘いというのは、真ん中で試合が始まる。そして闘いが始まるまでに時間がかからない。逆に闘う者のレベルが異なる場合は、一人が逃げて、逃げるスペースを探して、強い者の周囲をまわることになる。

――髙田選手がロープを抱え込んだ場面がありました。その時、あなたはレフェリーに対して何か言っていましたね。

ヒクソン　タカダがロープを摑んだので、それをやめさせるようにレフェリーに言ったんだ。あの時、レフェリーはタカダの手をロープから離させるだけではなく、ブレイクも宣したから、「エッ!」と思ったんだけどね。タカダに対して、「注意」が与えられたわけだが、それはどうでもよかった。タカダがロープから手を離すことだけを要求したんだ。

――これで髙田選手に「注意1」が与えられました。「注意2」となれば、髙田選手の失格負けとなります。そうなった場合、あなたの勝利となるわけですが、おそらく、そんな勝ち方は望んでいなかったでしょう。再度、髙田選手がロープを摑んで試合が終わるようなことがあったら困るな、という気持ちはなかったですか。

ヒクソン　もしも、あの場面でタカダがロープを摑み続ける、或るいは、同じようにロープを摑むシーンがあって「注意2」となれば、失格勝ちであっても私の勝ちに違いはない。だから何の問題もない。ファイターは、そう思わなければいけないと思う。

だが正直な気持ちを言わせてもらえば、それは不本意だ。自分が理想としているのは、相手に「参った」と言わせて勝つこと。でも、闘いでは何が起こるかはわからない。大きな会場でのファーストクラスのイベントであるなら、それはなおさらだ。主催者は、観客が納得する結果で終わることを希望するだろう。その気持ちはよく解るし、私もできれば、そう闘いたい。ただ私はファイターだ。ファイターたる者、どんな形であれ勝つことを最大の目的とするべきだと思う。そのことは観に来てくれるファンにも理解して欲しい。タカダとの試合は、ああいうハッキリとした決着になって良かったと思う。

——グラウンドの展開に入った段階で髙田選手が下から密着してきました。この時点であなたは、アームバーを狙うことを決めていたのでしょうか。それともチョークを狙うことを考えていたのでしょうか。

ヒクソン　まず作戦として、上のポジションを得たら、取り敢えずは、そのポジションをキープすることを考える。その後に打撃を加えて様子を見る。それで相手が自分にチョークを狙う機会を与えてくれるのを待つんだ。必ずチャンスは訪れる。そこを逃すことなく相手の背後にまわりチョークを決めるというのが自分の理想的なスタイルだ。

でもタカダとの試合の場合は、そうはしなかった。なぜならば試合形式がラウンド制で、1ラウンドに残り時間が30秒になったことを確認した。この時点でタカダは私に対してチョークを狙える機会を与えていなかった。つまり、私に対して背中を向けるような動きをしていなかったということだ。

そこで、アームバーを狙うことを考えた。

あの時、1ラウンドが終わり2ラウンドに入ることも考えながらアームバーを仕掛けたんだよ。アームバーを仕掛けても逃げられてしまうこともある。さらに相手に有利なポジションを許すことになるかもしれない。もしそうなったとしても1ラウンドの残り時間は30秒以内だ。であれば最悪でも1ラウンドは逃げ切れる。その考えの下にアームバーを狙いにいき、結果、難なく決めることができた。

ラウンド制での闘いだったからこその決着の仕方だったと思う。もし、この試合がラウンド制ではなく時間無制限の闘いであったならば私はアームバーを仕掛けようとはしなかっただろう。機会を待ってチョークを狙った。

——結果的に、あなたは腕挫ぎ十字固めを決めて勝ちました。これは仮定の質問です。髙田選手はタップをしましたが、あの場面でタップをせずに我慢してしまうことも考えられます。チョークを決められてもタップをせずに、そのまま失神してしまう選手がいるように、耐え続けることもあるかもしれません。その場合、あなたは相手の腕を折っていましたか。

ヒクソン　勿論だ。

——これは、あくまでも私の推測ですが、あなたは日本のファンに対して自分をアピールするために、ハッキリと、そしてクリアに美しく勝とうとしていたと思います。おそらく闘う中で、あなたは髙田選手との実力差……つまりは自分の方が優位であることを感じ取っていたでしょう。相手の腕を折るというのは、凄惨さを伴うシーンでもあります。もし、1ラウンド終盤、髙田選手がタップを拒否したなら、2ラウンド目に持ち込んで美しく勝とうとも考えていたのではないでしょうか。

ヒクソン　ハッキリ言おう。それは「ノー」だ。私はファイターだ。ファイターは、闘いの場において勝つことを絶対的なテーマとしなければならない。見栄えがどうの、観ている人がどう感じるか……そんなことを考えたりはしない。そんな余計なことを考えて、もし私が与えられたチャンスを逃し負けるようなことがあれば、あなたは、どう思うだろうか？　おそらく「甘さがある」と思うだろう。それは正解だ。ファイターとして、それは犯してはならないことだ。そうは思わないかい？

——そう思います。では少し質問を変えます。あなたは、そのような場面に陥ったことがないので解らないかもしれませんが、チョークを完全に決められた場合でも耐え続ける選手を多々見ます。腕挫ぎ十字固めを決められても耐え続ける選手もいます。この耐え方には差異があるものなのでしょうか。

ヒクソン　私は骨が折れるとか、骨がきしむような音を聴くとか、そういうことが嫌いなので、なるべくアームバーは狙わずにチョークを狙う。でも闘いを重ねる中で、これはよく解るのだが、ある特定の選手は、チョーク、アームバーいずれにおいても絶対にタップをしない。そういう場合は私は、絞め続けるし、腕を挫ぎ続ける。もし自分が、そんなピンチの場面に遭遇したらば、タップを拒むだろう。右腕を折られれば左腕で闘えばいい。そう思っている。だからこそ自分も、タップをしない選手に対しては両腕を折るつもりで挑む。それがファイターというものだ。

勝者ヒクソンが仲間たちとともに控室へ戻った後、寺田恵子がリングに上がり唄い始めた。

「冷たい雨」。

１９９７年10月11日、東京は晴天だった。だが東京ドーム内には、心に沁《し》みる冷たい雨が降り注いでいた。

第7章 再戦

リングスからの電話

バックステージでの取材を終えて東京ドームを出ると、すでに23時を過ぎていた。急がなければならなかった。編集スタッフとともにタクシーに乗り込み、市ヶ谷にある大日本印刷の出張校正室へと向かう。

冷たい雨が　頬を濡らす
悲しみを通り越えて　虚しさだけが
淋しさも優しさも　思い出になる
冷たい雨は　まだ止みそうにない

「冷たい雨」——。

『ＰＲＩＤＥ．１』のイベント・サポーターソングであったこの曲は、まるでヒクソン×髙田戦の結果を予知していたようだった。かつてプロレスに最強幻想を抱き、それを信じていた者にとって、あまりに心に沁みる詩だった。タクシーに乗っている間、『冷たい雨』が聴覚に響き続けていた。

ヒクソン×髙田戦を凝視するのは私にとってハードなことだった。そんな時間を過ごした日の夜は酒を喉に流し込んで心を休めたいと思った。でも、そうはいかない。明日の午前9時までに校了しなければならなかった。

ビッグマッチが行われたなら、試合結果と写真が、その日のうちにインターネット上にアップされる現在《いま》とは20年前は違った。当時は、プロレス、格闘技のビッグマッチが行われた際には、大会の2、3日後に『決戦速報号』と題した雑誌が頻繁に発行されていたのだ。『週刊ゴング』の記者時代から幾度となく私も、その『決戦速報号』の編集にかかわっていた。そして、この時は前述したように『PRIDE.1 オフィシャル速報ブック』（メディアファクトリー）の編集長を務めていた。効率よくことを進めるために、大日本印刷内で編集作業を行うことになったのだ。

まだデジタルカメラは普及していなかった。写真はすべて現像所からポジで上がってくる。それを待ちながら原稿を書き上げ、写真が上がり次第、表紙の作製にも取りかかる。徹夜作業には慣れていた。当時、私はまだ30歳で、それなりに体力にも自信があった。でも、この時ばかりは、心が疲れていた。ヒクソン×髙田戦は、プロレス、格闘技を長年観続けてきた私にとって、それほど重い一戦だったのだと思う。

表紙の写真を選び、その後にコピーを考える。デザイナーは待機していて、「いまか、いまか」と私が材料を手渡すのを待っている。急がねばならなかった。原稿用紙に幾つもタイトル案を書いてみたものの、どれもピンと来ない。一度、建物の外に出て煙草に火をつけた。

素直なものがいいだろう、と考えた。

その時、8文字のフレーズが頭に浮かぶ。

「プロレスが負けた。」

『PRIDE.1オフィシャル速報ブック』の発売日、朝から私の事務所『SLAMJAM（スラムジャム）』の電話は鳴り続けた。

最初はスタッフが受話器を取り対応していたが、昼頃から何度か私が出ることもあった。

「プロレスは負けてねえよ！」

「ふざけたタイトルつけやがって！」

そう怒鳴る人もいたし、逆に買って読んで嬉しかった、と感謝してくれる人もいた。

本当なら雑誌の奥付にある問い合わせ電話番号は、発行元（メディアファクトリー）のものを記せばよい。しかし、私は敢えて問い合わせ電話番号を『SLAMJAM』のものとした。読者からの反響が大きかった場合、版元に迷惑をかけてもいけない。また、反響を自分の肌で感じたいとも思ったからだ。

夕方近くになって、リングスからも電話がかかってきた。スタッフが受けて私にまわされた。

抗議の電話だった。

「あれは何ですか？」

リングスの広報担当者は、特に威圧するような語調ではなかったが、私に説明を求めてきた。

あれ……とは、『PRIDE.1オフィシャル速報ブック』の裏表紙のことだった。

ヒクソン×髙田戦を見終えた日の夜、大日本印刷で表紙のコピーを考えた後、表4と呼ばれる裏表紙をつくった。何が良いかと考えた挙げ句、私は、リングサイドで険しい表情で試合を観戦している前田日明の写真を選んだ。そして、写真に、こう言葉を添えた。

「前田さん、これでも黙っているんですか？」

前田とPRIDE運営サイドは良好な関係にはなかった。いや、むしろ険悪だった。そんな状況下で、「前田よ、PRIDEのリングに上がってヒクソンと闘え！」と煽るとはどういうことなのかとリングス側は私に言ってきたのだった。

おそらくは、その広報担当者も自分の意思ではなく前田に言われて電話をかけてきている。それは容易に察することができた。

私は言った。

「髙田さんがヒクソンに負けた。こうなった以上、次にプロレス界からヒクソンに挑戦するのは前田さんしかいないでしょう。それが多くのファンの気持ちだと思いますよ。あのコピーは、それを代弁したものです」

「でも、このタイミングで、あんな風に写真を使わなくたって。KRSが、そうやって欲しいと近藤さんに言ったんですか」

「そんなことはないです。あれは私が決めて写真を選びコピーを書きました」

「何で、そんなことをするんですか?」

話は平行線を辿ったまま、20分ほどで私は受話器を置いた。

PRIDEシリーズを継続的に成功させることを考えれば、ヒクソン×髙田戦の次にヒクソン×前田戦であれば、インパクトの強いものになったであろう。でも当時の前田とKRSの関係を考えれば、それはないと思っていた。

私が迷った末に、裏表紙に前田の写真を載せ、「前田さん、これでも黙っているんですか?」とのコピーを加えたのは、本当は、「ヒクソン×前田戦」が観たかったからかもしれない。プロレス界を代表してヒクソンに挑むのであれば、あの時点で考えられるのは3人しかいなかった。前田日明、髙田延彦、船木誠勝。アントニオ猪木は、すでに全盛期を過ぎていたのである。

流れから考えれば、高田がヒクソンと闘うのは妥当だった。でもプロレスファンの多くは本当は、ヒクソン×前田戦が観たかったのではなかったか。

ヒクソンに敗れた後、高田はプロレスマスコミから大バッシングを喰らうことになる。『週刊ファイト』は、「高田A級戦犯」との大見出しを打つ。

「よりによって（プロレス界から）一番弱い奴が出ていった」

そんな猪木のコメントを強調して報じるメディアもあった。

次は前田だろう。

ファンは、そう期待したが、その想いは叶わなかった。前田サイドは独自にヒクソンを招聘《しょうへい》することに動いていた。だがヒクソンとPRIDE運営側に築かれたパイプを崩すことはできなかったのだ。そして年が明けての2月に電撃発表がなされた。

ビバリーヒルズ柔術クラブ

1998年2月2日、東京・港区にある新高輪プリンスホテル（現・グランドプリンス新高輪）・平安の間。中央にKRS代表幹事の黒澤浩樹を挟んでヒクソンと髙田が座っていた。2人が顔を合わせるのは、あの日の東京ドーム以来だろう。その場で『PRIDE.4』での再戦が発表された。

場所は東京ドーム。日時は10月11日……奇《く》しくも一年前と同じ日だった。

ヒクソンは言った。

「私には誰かにチャレンジするという想いはない。本当はリマッチなんて必要ないと思っています。けれども私はタカダの気持ちを受け入れることにしました。それはＫＲＳが、舞台を整え、条件的にも満足のいくものを私に提示してくれたからです」

一方で、髙田はこう話した。

「あの惨敗した自分が本当の自分なのか、そうではないのかを確認するために、もう一度闘います。一度敗れた私に、このような機会を与えてもらえたことに感謝します」

ここから髙田は一気に動いた。

記者会見が終わった後、隣にある高輪プリンスホテル（現・グランドプリンス高輪）で、もう一度メディアを集めたのだ。そこで発表されたのは、髙田道場の設立だった。それまで属していたキングダムを離れ、髙田は新たな練習拠点をつくったのだ。髙田道場は従来のプロレス団体のような興行組織ではなく、青少年を中心に次世代の格闘家の育成を目指し、6～15歳向けのレスリングクラスも開設するとのことだった。また、キングダムから佐野友飛（現・巧真）、桜庭和志、松井大二郎、豊永稔の４人も移籍することが併せて発表された。

実際に髙田道場がオープンしたのは3月12日であったが、その前日には、恵比寿ガーデンプレイス内にあるウェスティンホテル東京において、ミュージシャンの吉川晃司、女優の鳥越まり、バドミントンの元女王・陣内貴美子、当時のK－1プロデューサー石井和義ら著名人を多く招き、「道場開設を祝う会」も催されている。ちなみに司会は草野仁が務めていた。

その後、高田は4月中旬に桜庭とともに米国カリフォルニア州に飛んだ。

柔術とは何かを知るためにビバリーヒルズにある『ビバリーヒルズ柔術クラブ』で約1カ月間、トレーニングを行ったのだ。ここには、マルコ・ファスもよく顔を出しており、彼から指導を受けることもスケジュールに組み込まれていた。

このトレーニングを取材するために私は、カメラマン真崎貴夫、そして映像ディレクター長谷川信とともに高田に同行した。

ビバリーヒルズ柔術クラブは、その名称通り、高級住宅街の一等地に位置していた。バス・ルッテン、マルコ・ファスらが特別コーチを務めていて、時々マーク・ケアーも顔を出す。レッスン料は高額であったにもかかわらず道場生の数は多く、常に活気に満ちていた。

この場所に高田は桜庭とともに、ほぼ毎日、訪れることになるのだが、そこに特別な練習環境が用意されているわけではなかった。日々、一般クラスの会員に交ざる形で高田と桜庭は柔術を中心としたトレーニングを続けたのである。

クラブの主宰者は、アビ・ラヴィンという40代の男で、高田が入ったクラスを指導するのはイーサン・ミリアスという紫帯で20代の柔術家だった。2人は、ともにホリオン・グレイシーが主宰する『グレイシー柔術アカデミー』の出身で、ホイラー、ホイスからも指導を受けていた。

高田はここで、柔術を基本から学ぶことになる。

さまざまなポジションのとり方、そこからの動き、相手の出方に合わせた対処法をミリアスが自ら手本を示しながら道場生たちにレクチャーしていく。高田と桜庭も、そこに加わり午前10時から午後1時までの約3時間、汗を流していた。

行うのは、決して見た目に派手なトレーニングではない。それでも長い時間、ぶっ続けで行うから、かなりハードではある。

ある時、高田が数人の選手を相手に寝業のスパーリングを行ったことがあった。2分間のスパーを十数人を相手に連続して行うのだ。高田も相手も必死に組み合って動く。だから2分の間に、いずれかのサブミッションが決まり決着がつくことはない。道場生が次々に高田に向かっていく。その中に、一人の日本人がいた。

練習が終わった後、私は、その日本人に声をかけた。すると、彼は言った。

「いま、サンタモニカの大学に在籍していて美術を勉強しています。日本にいた時はレスリングをやっていました。こっちに来てから柔術に興味を持って、ここで学んでいるんですよ。もっと練習を積んで総合格闘家としてプロデビューしたいと思っています」

口調はハキハキしていて好感が持てた。瞳も輝いていた。

「PRIDE.4、楽しみですよね」

そう話したのは、後にパンクラスのリングでプロデビューを果たし人気ファイターとなる須藤元気だった。

日々、ビバリーヒルズ柔術クラブを訪れ、私は、高田の動きを見続けた。そうしていると、よくアビ・ラヴィンが話しかけてくる。ある時、彼は私に尋ねた。

「タカダと一緒に来ている若者は誰だ?」

「桜庭和志だよ」と私が答える。

「サクラバ? 何か聞いたことのある名前だなあ」

「昨年12月に日本で開かれた『UFC-J』のトーナメントで優勝した選手だよ」

「そうか、思い出したよ。カラダは大きくはないが、グッドファイターじゃないか。ここ数日、見ていて光るものがある若者だと感じていたんだ。彼はきっと素晴らしい選手に成長するよ。センスがある。ヒクソンとは、タカダじゃなくて彼が闘った方がいいんじゃないか」

イーサン・ミリアスとも、いろいろと話をした。

ある時、私は髙田をコーチしている彼にストレートに尋ねた。

「再戦で髙田がヒクソンに勝てると思うか？」

すると、しばらくの沈黙の後、彼は言った。

「私がやれることには限りがある。もちろん、できる限りタカダの手助けをするつもりだ。でも正直なところ、ヒクソンに勝つのは難しいと思っている。

これはタカダに限ったことではない。誰だってヒクソンに勝つのは、とてつもなく難しいことなんだ。でもね、大勢の人の前で、ヒクソンと闘える、それも2度も。タカダはなんて恵まれたファイターなんだとうらやましくも思うよ」

「では、ヒクソンに勝つためには、どうすればいいと思うか？」

そう聞くと、ミリアスは言った。

「私には、その答えは明確には導き出せない。でも、一つ言えるのは、ヒクソンに対して柔術で対抗しようとしてはいけないということだ。いま、地球上でヒクソンに柔術で勝てる者はいないだろう。

でも、闘いには偶然性というものがあると思う。たとえば、ヒクソンにグラウンドに持ち込まれる前に、パンチでありキックであり打撃技でクリーンヒットさせ、多大なダメージを与えることができたならば、戦況が一気に優位になる可能性はある。それに賭けるしかないかもしれない」

ゆるやかな口調で話すミリアスに、私は、もう一つ問いかけようとしてやめた。

「では、なぜ現在《いま》、あなたはタカダに柔術を教えているのか」

そう口にしそうになったのだ。

これは愚問である。

「それが私の仕事だから」と言わせることになるに違いなかったからだ。

再戦まで、あと数カ月しかない。その間に、ある程度、つまりは青帯程度の柔術の技術がマスターできたとしても、とてもヒクソンの柔術技術には及ばないだろう。

高田のトレーニング方法は正しいのだろうか、と私は、ずっと疑問を抱いていた。

そんな時、5月に入ってから初めてマルコ・ファスが『ビバリーヒルズ柔術クラブ』にやって来た。そして高田を指導する。

マルコは、キックミットをカラダに密着させて構え、高田に全力で蹴るように指示した。

高田の蹴りが唸《うな》りを上げる。

「バシーン！」

道場内に乾いた打撃音が響いた。続いてミットを構えたマルコは高田にパンチを打たせる。

「グッド！」

そう何度も声を発しながら、マルコは前にステップを踏み高田のパンチを受け続けた。

数十分のトレーニングを終え壁にもたれかかる髙田のTシャツはびしょ濡れで、水滴がマットに落ちる。マルコも額に大粒の汗をかいていた。

近寄る私にマルコは言った。

「いいトレーニングができたよ。ヒクソンを恐れる必要なんてないんだ。タカダにも十分に勝機はある。柔術を知ることは闘ううえで勿論、必要だ。でも、それは最低限でいい。バーリ・トゥードというのは自由な闘いなのさ」

約1カ月の間に、『ビバリーヒルズ柔術クラブ』で髙田が打撃のトレーニングをしたのは、この一日だけだった。

マルコと髙田のトレーニングを道場の片隅で見ていたアビ・ラヴィンは笑顔で小さく手を叩いていた。

5月14日に約1カ月に及ぶ『ビバリーヒルズ柔術クラブ』でのトレーニングを終え、髙田は桜庭とともに帰国する。そして、6月24日、日本武道館『PRIDE.3』のリングに上がり、髙田はカイル・ストゥージョンと闘いヒールホールドを決めて勝利を収める(この一戦がリアルファイトであったか否かは私には判断できない。ただ、片八百長の可能性はあると思っている)。

8月に入ると髙田は再び米国カリフォルニア州に飛んだ。今度は、ビバリーヒルズ柔術クラブの一般クラスに入り柔術を学ぶのではなく、マルコ・ファスからマンツーマンの指導を受けるためだった。

9月3日に帰国。

成田にある新東京国際空港に降り立った髙田の表情は明るかった。報道陣に囲まれて髙田は、こう話している。

「今回の渡米は、とても充実したものでした。練習はすべてマルコ・ファスとともに行いました。チームを組んで4、5人で毎回トレーニングをしたのですが、その中で戦略的にも、『これしか無いだろう』というものを見つけることができましたから。

去年のヒクソンとの試合で私は、すべてを失いました。もう失うものはありません。肩の力を抜いて、体調を崩さないようにして、大会当日に合わせて最高のコンディションをつくっていきたい」

髙田が自信に満ちた表情を浮かべていた頃、実はヒクソンは大いなる危機に見舞われていた。そのことを、この時、髙田は知る由もなかった。

ヒクソン危機一髪

日本人でヒクソンから黒帯を授かった者が一人だけいる。

全日本柔術連盟の理事長で『アクシス柔術アカデミー』の代表である渡辺孝真《たかまさ》だ。生まれて間もなく父親の仕事の関係で、ブラジルのリオ・デ・ジャネイロに渡り、19歳の時に帰国した。ブラジル在住時にグレイシー柔術を学ぶようになり、ヒクソンから黒帯を与えられたのは2002年のことである。

渡辺は、日本においてヒクソンが試合を行う際にはセコンドにつき、試合後のインタビューでは通訳も幾度も務めている。そんな彼に日本で行われたヒクソンの試合の中で、もっとも緊張感があったのは誰との試合かと尋ねたことがあった。

渡辺は間を置かずにこう答えた。

「髙田選手との2戦目ですね。セコンドについていて、あの試合が一番ドキドキしました」

意外な答えである。

一度勝っている相手とのリマッチ。一戦目ほどの圧勝ではなかったとはいえ、危げない闘いだったように見えた。だが実際には、そうではなかった。ヒクソンのフィジカルコンディションは、あの時、最悪の状態だったのである。

ヒクソンは試合が決まると、その3カ月前から本番に向けての調整に入る。最初の一カ月間は、ハードなトレーニングで肉体を追い込み、その後の2カ月で細かな調整をしていくのだ。このやり方は、『バーリ・トゥード・ジャパンオープン』のトーナメントに出場した時も、『PRIDE.1』で髙田延彦と闘った時も、また後に『コロシアム2000』で船木誠勝と対決する際も同じだった。

だが、『PRIDE.4』での髙田との2戦目の前だけは、それができなかったのだ。『PRIDE.1』での闘いを終えた後、ヒクソンは米国カリフォルニア州の自宅に戻り、しばらくの間、静かな時間を過ごした。年が明ける前にKRSから、『PRIDE.4』への出場オファーを正式に受ける。髙田との再戦と聞かされ少し驚きはしたようだが、ファイトマネーを含む条件面は満たされていたので契約書にサインをし、2月に来日。東京・新高輪プリンスホテルでの記者会見に出席した。

髙田がビバリーヒルズ柔術クラブでトレーニングに励んでいた頃には、そのすぐ近くのコスタメサという街で開かれた柔術の地区大会に姿を見せた。日本ではゴールデンウィークを迎えた4月30日のことだ。長男のホクソンが、この大会のトーナメントに出場したからだった。ホクソンは当時、青帯で、この大会のトーナメントで優勝を果たしている。

そこで私はヒクソンに会った。

表情が、とても穏やかだったことを、よく憶えている。この大会ではスーパーファイトでレフェリーも務め、たびたびファンに囲まれサインをせがまれていた。

「ホクソンが優勝して良かったたね。おめでとう」

私がそう言うと、ヒクソンは笑顔で答えた。

「まだまだだけど、ホクソンも確実に成長している。もう少ししたら私も本格的なトレーニングに入ることになるから、いまが束の間の休息さ。最高のコンディションをつくって日本へ行き、必ず勝つよ」

だが、最高のコンディションをつくることはできなかったのである。

ヒクソンがカラダに異常を感じたのは、それから約1カ月半後、6月初旬のことだった。試合の約4カ月前のことである。

道場で指導をしていた際に突然、腰に痛みを感じた。椎間板ヘルニアに見舞われたのである。腰の痛みは激しく動くこともままならない日々が続く。

そのことを私が知ったのは、ヒクソンが現役引退を表明した後だ。

当時のことを、彼は、こう私に言った。

「プロフェッショナルのファイターは、リングに上がる時にはベストコンディションでなければならない。これは当然のことだと私は思っている。調整が上手くできないというのは恥ずかしいことだし、現役でいる限り、それは弱味になるから人に知られたくないことでもある。だから、あの時のことは、これまで話してこなかった。

あれほどまでの痛みを腰に感じたことは、それまで一度もなかった。だから不安になったよ。一時は、試合をキャンセルしなければいけないのかとも考えたんだ。でも私はすでに（試合の契約書に）サインをし終えていたから、やはりリングに上がらぬわけにはいかなかった。それでスケジュールを変更して、闘いの3カ月前になっても本格的なトレーニングを開始せず、腰を治すことに努めたんだ」

腰の状態は、試合の2カ月前になっても良くならなかった。ヒクソンは焦ったが、それでも「何とかする」との意志は強く、8月にリオ・デ・ジャネイロに戻った。勝手知ったる地で、できる限りの治療を受けるためだった。カイロプラクティックをはじめ、知人から「良さそうな治療法がある」と聞かされれば、そこに足を運んだ。

「どの治療法が効いたのかは、実際のところ私は解らない。さまざまなことを試したからね。でも、できる限りのことをやった甲斐あって、腰の痛みは徐々に治まり、9月初旬にはほぼ普通の状態に戻ったんだよ」

思うようなトレーニングは積めていない。でも腰の痛みは消えた。パーフェクトではないが、「これなら何とかなる」と思い、ヒクソンは一度、カリフォルニア州の自宅に戻った後、決戦1カ月前に成田行きの飛行機に乗った。

日本に着くと用意されていた記者会見に出席、その後、大会を告知するために、幾つかのテレビ番組に出演。それを終えると長野県の山中に籠った。

「まだ1カ月ある。ここで最終調整をすれば、それなりのフィジカルコンディションでリングに上がることができる。長野に向かう車の中で、私はそう考えていたんだ」

だが、その通りにはいかなかった。

山に籠っての初日、スタンドの状態の練習でスパーリングパートナーと組み合った際に、ヒクソンの腰に再び激痛が走ったのだ。

「困ったことになった」

そうヒクソンは思った。

最終調整のヒクソンのトレーニングメニューは、すべて弟のホイラーが組んでいた。でも、それをスケジュール通りこなすことのできない状況が生じた。ヒクソンとホイラーは話し合い、練習はやめて1カ月間、腰を治すことに専念することを決める。

あの98年の秋、ヒクソンは長野の山の中で、ほとんど練習らしい練習はできなかった。それでも最低限の課題はクリアした。それは腰の痛みをやわらげ、リングに上がる状態をつくることだった。

ヒクソンは、自分の肉体をできる限り戻すことに専念していた。こうなった以上、やれることをやり、リング上では、その時点でできる最高のパフォーマンスを発揮するしかない、と考えていた。だから気持ちは落ちついていたという。ピリピリとしていたのは、ヒクソンの周囲だった。

ヒクソンが腰を傷めていることを絶対に高田サイドに知られてはいけないと思った。渡辺も同じ思いで当日、セコンドについたのだ。

リターンマッチの法則

ヒクソンと髙田の総合格闘家としての実力には大きな差があった。そのことは、『PRIDE.1』での闘いによって明白になっていた。その差は、僅か1年で埋まるようなものではなかったのだが、プロレスファンの中には、「次は髙田が絶対に勝つ」と信じて疑わない者も少なからずいた。それは彼らが、「プロレス界・リターンマッチの法則」に慣れてしまっていたからである。

たとえば、プロレス界のトップファイター同士が対戦したとする。本来なら実現しなかったであろう団体のエース同士の対決となれば互いに負けるわけにはいかない。ならば、引き分けの約束のもと行えばいいわけだが、両者リングアウト決着では、ファンが消化不良を起こしかねない。両者リングアウトとなった後、場内には延長コールが湧き上がり、それが受け入れられない場合には暴動に発展する可能性もある。

だから、そんなトップファイター同士の闘いは、再戦を前提に組まれる。初戦で勝った者は、リマッチで星を返すのだ。そうすれば1勝1敗になり互いの面子《めんつ》は保たれ、団体の経営にもダメージを与えずにすむ。

だが、この場合、リマッチまでの時間を長くあけてはいけない。昭和時代に全盛を誇った新日本プロレス、全日本プロレスは、シリーズを組んで興行を続けていた。新日本プロレスの『新春黄金シリーズ』『ビッグファイトシリーズ』『闘魂シリーズ』、全日本プロレスなら『新春ジャイアントシリーズ』『サマーアクションシリーズ』『チャンピオンカーニバル』といった具合に、1カ月から1カ月半を単位に全国をサーキットし、連日大会を開いていていたのだ。つまり、リマッチは、そのシリーズ内に行うことが一つの慣習となっていた。

前に記した武藤敬司×高田延彦戦は団体のエース同士の闘いであり、とてつもない盛り上がりを見せた。初戦は武藤が勝ち2戦目は高田が勝ったのだから1勝1敗。本来なら互いに傷つかなかったはずだ。しかし、そうではなかった。初戦で負け役を引き受けた高田の価値は大暴落してしまう。リマッチまで約3カ月あり、その間にプロレスのストーリーが進行していってしまったからだ。

でも、もしあの時、リマッチが3日後、あるいは5日後だったらどうだろう。おそらく高田のプロレスラーとしての価値が、あそこまで下落することはなかった。逆に、雪辱を果たした高田の方が高い評価を得たことだろう。

「リターンマッチの法則」は来日するNWA世界ヘビー級チャンピオンにおいても顕著だった。

74年12月に、当時のNWA世界ヘビー級王者ジャック・ブリスコが来日を果たす。そして同月2日に、鹿児島県立体育館でジャイアント馬場の挑戦を受けた。ここで馬場は勝利して第49代王者となり、日本人として初めてNWA世界ヘビー級のベルトを腰に巻く。当時、小学生で「馬場派か、猪木派か?」と問われれば、即座に「猪木派」と答えていた私ですら、この馬場の勝利を知った時、「オーッ」と唸ったものだった。NWA世界ヘビー級王座という言葉の響きには絶対的な重厚感が備わっていたのである。しかし、その1週間後、愛知県豊橋市体育館で行われたリターンマッチで馬場は敗れ、NWA世界ヘビー級のチャンピオンベルトはブリスコの腰に戻される。その後、彼は帰国し、再び全米各地でNWA世界ヘビー級王座の防衛戦を繰り返すのだ。

馬場は初防衛戦で敗れたとはいえ、日本人初の快挙を達成した。ブリスコは、一度は敗れたとはいえ、すぐにベルトを取り戻した。ファンを狂喜させる話題をつくり上げながら、闘った両者は互いに傷ついてはいないわけだ。

これが、「プロレス界・リターンマッチの法則」である。

これにスッカリと慣れてしまったプロレスファンは、リマッチでは髙田が勝つと信じた。リターンマッチまで1年という時間がかかってはいるが、この辺りは年間250試合を闘っていた、かつてのプロレス界とは異なる。この1年の間に髙田は1試合しかしていない。ヒクソンに至っては1年ぶりのリングインなのだから、時間が経ち過ぎていることも、それほど大きな問題ではなかった。

ヒクソンに敗れドン底に落ちた髙田が、リターンマッチで勝利し再びプロレス界のトップに君臨する。そんな御伽噺《おとぎばなし》を求め信じるファンが実は少なからずいたのである。

当たり前のことだが、リアルファイトの世界に「リターンマッチの法則」が存在するはずがない。リアルファイトは、もっと非情でシビアなのだ。

逆に一度負けた者がリベンジを果たせる可能性は極めて低い。なぜならば最初の闘いで一度、優劣が決まってしまっているからである。

勝負の世界では、闘う当事者がイメージできないことは生じない。

この2戦目を迎えるうえでメンタル的にはヒクソン側に圧倒的なアドバンテージがあった。一度勝っている。それも圧勝だ。同じように全力を尽くして闘ったならば勝てる。そのイメージが色濃く脳裏に描ける。

逆に髙田は、どうだっただろうか。

自分がファイターとしてのスキルを上げたことはプラス材料だ。それでも、これが「ヒクソンに勝てる」というイメージに結びついたかどうか。一戦目は完膚なきまでに叩きのめされている。よって負けるイメージは具体化されてしまっているのだ。これを払拭できるだけの状態を髙田がつくり上げられていたかどうか。答えは否だったように思う。

それでも、入場曲『トレーニング・モンタージュ』が流れる中、リングに向かう髙田の表情には生気が漲っていた。

一年前のようにフードで顔を覆い隠すようなことはなく視線を上に向けていた。

それは、髙田の気持ちの中からプレッシャーが取り除かれていたからだろう。1年前は、「自分が負けた時、プロレス界はどうなるのだろう」「自分は、その後、どうなるのだろう」という恐怖感を強く抱いていた。

もう、それはない。

一度負けて、「A級戦犯」とも呼ばれ、失うものは何もないのだ。

勝とうが負けようが、やれるだけのことをやればいい。そうすれば少なくとも1年前よりは、確実に有意義な闘いができると髙田は開き直ることができていたのである。カラダも大きく見えた。一年前より約10キロのウェイトアップも遂げていた。

一方のヒクソンも、思うような調整はできず、決戦の一カ月前に再び腰の痛みを再発させていたとはいえ心を曇らせてはいなかった。

「何とかなるよ、俺はやる。絶対に負けるようなことはない」

少し不安気な表情を浮かべていた弟のホイラーに笑顔でそう話し、ヒクソンはリングに向かった。

第8章

フェイク

異なった風景

「勝者、ヒクソン・グレイシー！」

結果は一年前と同じだった。決着がついた直後に東京ドーム内に大きなタメ息が漏れる。だが、その場に漂う空気は一年前と同じではなかった。茫然とした表情のまま席から立ち上がれなくなっている者はいない。悲鳴や嗚咽《おえつ》も聴こえない。明るくなったドーム内の通路をファンは淡々とした足取りで出口へと向かう。

この夜、「冷たい雨」は降らなかった。

『PRIDE.4』も『PRIDE.1』と同じく『スカイパーフェクTV!』（1998年5月にパーフェクTV!から名称変更）のPPVで生中継された。そして私は、84年ロスアンジェルス、88年ソウルと五輪に2大会連続してレスリング・フリースタイル90キロ級で銀メダルを獲得した太田章氏とともに、ヒクソン×髙田再戦のテレビ解説を務めた。リングサイドにある放送席から試合前に会場全体を見まわし、その時に思った。

（一年前のような重苦しい空気はない。会場の雰囲気が『PRIDE.1』の時とは、まったく違う）

開始のゴングが鳴った直後に先に仕掛けたのはヒクソンだった。踏み込んで胴タックルを狙いにいく。これを髙田は受け取め組み合った。倒して、或るいは転がしてグラウンドの展開に持ち込みたいヒクソンと、それを何とか阻止したい髙田。組み合ったままの状態で時間が2分、3分、4分、5分と過ぎていく。その後、組み合ったままで髙田がヒクソンをコーナーへと押し込んだ。場内からは、「タカダ！　タカダ！　タカダ！　タカダ！」の大コールが湧き上がる。

この時、髙田は「いける！」と思ったという。

カラダを密着させた状態でヒクソンの激しい呼吸音を聴きながら、相手がバテてきていると彼は感じていた。

でも、そうではなかった。ヒクソンは試合中、深く激しく呼吸をすることが常なのだ。腹部を深く凹ませる独特の呼吸法を体得していることからも解るように、できるだけ多くの酸素を体内に取り込み、カラダと脳をフルに活用できる状態を保とうとしている。それを髙田は、「呼吸が乱れてきている」と感じたのだろう。

『バーリ・トゥード・ジャパンオープン'95』のトーナメントでヒクソンと対戦した木村浩一郎と、後（2000年5月）にヒクソンと闘った船木誠勝が同じような内容の話を私にしたことがある。

「ヒクソンと組み合った時は、『大したことないな』って思ったんです。ヒクソンは、ずっと一生懸命なんですよ。組む力は大して強くはないし、息も荒いんです。試合中は『勝てる！』と感じました。でも、いつの間にか良いポジションを奪われて、アッと思った時には、どうしようもない状態に追い込まれてしまっていたんです」

高田も彼らと同じ流れに引き込まれた。

6分過ぎ、闘いはグラウンドへと移行する。最初こそ高田が上のポジションを得るが、そのシーンは長くは続かなかった。動きの中での高田の幾つかのミスをヒクソンは巧みに突き形勢を逆転、マウントポジションを奪った後、『PRIDE.1』の時と同じようにセコンドのホイラーに視線を向けた。

『PRIDE.1』では試合形式が5分×12ラウンドだったが、この試合は10分×無制限ラウンドで行われていた。

9分30秒に差し掛かろうとした頃にホイラーが声をかける。

「あと30秒！」

それを合図にヒクソンは機敏な体捌《さば》きから高田の左腕を抱えて一気に挫《ひし》いだ。決まったか……それを見定めようとしている時に高田は、初戦同様にアッサリとタップした。試合時間は1ラウンド9分30秒――。

だが、この時私は何の感情も湧かなかったし、「なぜタップができるのか？」という疑問を抱くこともなかった。腕挫ぎ十字固めであれ、チョークであれ決められてしまったならば、高田がすぐに「参りました」と言うことは予測できた。加えて再戦に及んではテーマも希薄なものになっていたのだ。

「グレイシー柔術VSプロレス」或るいは「グレイシー柔術VSＵＷＦ」の決着は1年前についている。この一戦はヒクソンと高田の個と個の対決。そうであるならばヒクソン×高田戦は、観る者にとって明らかな実力差があるファイター同士の闘いに過ぎなかったのである。

でもあの時、気になったのはヒクソンが勝利した瞬間、ホイラー、息子のホクソンをはじめグレイシー陣営が異常なほどに喜びを爆発させていたことだった。ヒクソンにとっては一度完勝している相手とのリマッチ、つまりはイージーファイトだったはずである。にもかかわらず陣営の誰もが喜ぶと同時に安堵の表情を浮かべていた。その時、放送席から試合を見つめていた私は、ヒクソンが腰を負傷しコンディションを悪化させていたことを知らなかった。

一年前と比べて違っていたことは、高田のメンタル及びフィジカルコンディションが良好だったこと。そしてヒクソンのフィジカルコンディションが最悪の状態に近かったこと。それでも試合の結果は同じだった。

善戦という名の完敗

闘い終えて控室に戻った後も、髙田の表情は明るかった。一年前はインタビュールームに姿を現さず、控室もシャットアウトし、会場の通路で短いコメントを出しただけだったが、この日はそうではなかった。控室に報道陣を招き入れて、その場で質問に応対した。

いまの心境は？

豊永稔に首の後ろを氷で冷やしてもらいながら髙田は答える。

「去年の試合までの一年間と、その後の一年間……この2年間というのはヒクソン抜きでは語れません。濃密な時間を過ごさせてもらった。負けたことは悔しい。でも去年よりは自分の闘いができたと思う。チャンスがあれば、もう一度、ヒクソンと闘いたい」

敗れはしたが、髙田には、いくらかの充足感があったのだろう。表情が明るく、口調もハキハキとしていたのが印象的だった。左腕も傷めてはいなかった。

髙田のコメントを聞き終えて、急いでヒクソンのいるインタビュースペースへと向かう。そこで「髙田はもう一度あなたと闘いたいと言っている」と話すと、ヒクソンは言った。

「確かにタカダは一年前よりも成長していた。それはリング上で対峙した時、闘う前に解ったよ。一年前は迷って、狼狽《うろた》えているように見えたが、今日はそうじゃなかったからね。

でも、もう一回やっても私には勝てないだろう。いや何度闘っても勝つのは私だ。果たして日本のファンは、負け続けながらも少しずつ成長していくタカダの姿を観たいと思っているのだろうか」

そして、こう続けた。

「PRIDEは素晴らしいリングだと思う。私が満足する条件を提示してもらえるなら、またこの舞台で闘いたい。次はタカダではなく別の相手でいいんじゃないかと思うけどね。ただ私はチャレンジャーの立場にはいないから、誰と闘いたいというのはない。プロモーターが決めた相手と闘うことになる。

まあ、今日は疲れたね。明日は一日、ゆっくり休むことにするよ」

笑顔を見せて、ヒクソンは東京ドームを後にした。

一年前と同じように『決戦速報号』をつくるためにスタッフたちとともに市ヶ谷の大日本印刷へとタクシーで向かった。気持ちは重くもなく、疲れも特に感じていなかった。「冷たい雨」も聴こえてこなかった。『PRIDE.4オフィシャル速報マガジン』の表紙のコピーは、簡単に決まった。

「善戦という名の完敗」——。

疑惑の高田VSコールマン

『PRIDE.4』が終わった時点で、PRIDEシリーズの第1章が完結する。

主催団体のKRSは消滅し、ドリームステージエンターテインメントという新たなイベント会社が設立され、『PRIDE.5』以降は、新会社が大会を主催するようになる。後にPRIDEシリーズは、桜庭和志の大活躍などにより人気を爆発させ世界をリードする総合格闘技のファーストイベントとなるが、その前に一度、迷走期を経ている。それは、99年4月29日、名古屋レインボーホールで開催された『PRIDE.5』から、同年9月12日、横浜アリーナでの『PRIDE.7』までを指す。

UFC、RIZIN、修斗、DEEP、BELLATOR（ベラトール）など総合格闘技のイベントで現在、行われているのは言うまでもなくリアルファイトである。あらかじめ勝負を決めて行われるフェイク（八百長試合）は無いと言い切ってもいいだろう。しかし、『PRIDE.7』から『PRIDE.7』までの迷走期には、フェイクが存在していたと多くのファンが見ている。それに私も異存はない。

名古屋での『PRIDE.5』のリングで高田は今度はプロレスファンではなく、リアルファイトを愛する格闘技ファンを裏切った。そのことは、長く総合格闘技を観続けている者たちの心の中に蟠《わだかま》りとして、またPRIDEの黒歴史として残されている。

『PRIDE.5』のリングに髙田は6カ月ぶりに再びメインエベンターとして登場する。そして、かつてのUFC世界ヘビー級チャンピオン、マーク・コールマンと10分×2ラウンドのPRIDEルールで対戦した。

このカードが決まった時、ある格闘技関係者が私に言った。

「この大会でPRIDEがUFCのような真の格闘技イベントを目指しているのか、それともエース髙田ありきのプロレス団体なのかがハッキリとしますよ。私は、コールマンに髙田を勝たせるんだと見ています。もちろん試合はシュートではなくフェイクです」

そんなことは有り得ないでしょう、と私は反論した。髙田はヒクソンに連敗した。そのことでプロレスラー時代に得た「平成の格闘王」「最強」という称号は失った。しかし、それは大したことではないだろう。プロレスは決して最強ではなかった、プロレスは肉体演劇であったということを認めたうえで、新たに総合格闘技に一からチャレンジすればいいだけのことだ。その門出となる試合にフェイクは有り得ないと私は思ったのだ。

髙田がメインエベンターに抜擢されたのは、プロレスラー時代に築いた知名度がある故だ。実力が評価されてのことではなく、それは興行の事情として仕方のないことだろう。UFCで連敗中のコールマンとはいえ両者の力の差は歴然としている。髙田は強者コールマンに思いっ切りぶつかり、そこで敗れたとしても、それはそれでいいのではないかと私は考えていた。

だが、髙田×コールマン戦を当日、会場で観終えて、とても複雑な気持ちになった。

勝ったのは髙田だった。2ラウンド1分44秒、ヒールホールド。

実に不可解な闘い模様だった。

1ラウンドはコールマンがグラウンドの展開で髙田を圧倒していた。しかし、決着がつくのも時間の問題かと思われた2ラウンド目にコールマンの動きが突如として悪くなり、グラウンドの攻防の中で髙田に踵を決められ敗れてしまう。

「やっぱりですよ」

「フェイクですよ、許せませんね」

試合を観終えてインタビュールームへと向かう中で何人かの記者、関係者、ファイターとすれ違ったが、その中の多くの人たちが、私に、そんな風に話す。

別に彼らの意見に流されて、そう思ったわけではない。試合を直視していて私も、この試合に疑問を抱いた。疑わしい試合だったとは思う。でも、この試合がフェイクであったという証拠は誰も摑んでいない。そんな中、髙田は控室で、こう発言した。

「正直言ってコールマンとの対戦が決まった時には、勝てるとは思わなかったんです。いまの私は、このルールで闘うことに対して少しずつ成長している段階。だから、あのクラスの選手に上にのっかられたら勝てるわけがないという気持ちがありました。でも、コールマンとの試合が決まったお陰でいろいろな人からアドバイスも貰えて。今日の試合、たとえ勝っていても負けていても、バーリ・トゥードに対して一つ成長できたかなという感じです」

高田は勝利に対する喜びを爆発させるわけではなく、淡々とそう話していた。

一方のコールマンは報道陣の前で、かなり早口にこうコメントした。

「まず今日の試合の結果については何の言い訳も無い。ファーストラウンドでは、自分なりに自信があったし、凄く良い試合をしていると思った。だがラウンドが終わってコーナーに帰った時点で、自分が持っていたフォーカス（焦点）を見失ってしまった気がした。自分自身を見失っていた時に、タカダが仕掛けてきて、そこで自分は集中力を失ってしまった」

「さっきも言ったが、ファーストラウンドは気分的にも体力的にも、まったく問題は無かった。だが、これまでに私はラウンド制の闘いをほとんど経験していなかったから、そこで迷ってしまった。そこで初めて、いま自分は何をしているのかという疑問を持った。タカダは非常に強いハートを持った良い選手だと思う。今日に関しては言えば、そんな彼の良い部分が出たということだ」

「今日は本当に馬鹿げた間違いをしてしまったということだ。でも、こういった馬鹿げた間違いを私は、もう二度と犯さない。タカダは最高の選手であることはわかっているし、これからも彼と一緒にPRIDEを盛り上げていきたい」

その試合が、フェイクであるか否かを見極めるのは、それほど難しいことではない。長く総合格闘技を観ていると、フェイクに対しては、「引っ掛かり」をおぼえるものだ。それでも証拠を摑むのは難しい。当事者たちが、「フェイクで勝ちました」「フェイクで負けました」と言うはずがないからだ。それにフェイクが行われる時には、そのことをごく少数の人間しか共有していない。大会関係者はもちろん、セコンドですら知らないこともある。時に片方の選手だけが誰かに依頼され敗者になろうとする片八百長の場合もある。

私はヒクソンに見解を聞きたいと思った。

会場にヒクソンも来ていた。

第4試合、エンセン井上×西田操一戦終了後に、ヒクソンとホイラーがリングに上がり、5分間の柔術エキシビションマッチを行っていたのだ。

ヒクソンを探したが、いない。すでに会場を後にしていた。タクシーに乗ってヒクソンが宿泊しているホテルに向かった。着いてロビーに入ると、ヒクソンの姿が目に入り同時に彼も私に気づいた。

ヒクソンは家族やホイラーたちと一緒だった。私はヒクソンに言った。

「少しの時間でいいから話をさせて貰えないだろうか、今日の大会について」

すると隣にいた夫人のキムが私に近づいて言った。

「いいけど明日じゃ駄目？　皆、お腹が空いていて、いまからレストランで夕食をとるところなのよ」

それを遮るようにヒクソンが言葉を挟む。

「ＯＫ！　話をしよう」

ヒクソンは、皆に先にレストランへ行って食べているようにと告げ、ロビーにあったソファに腰を下ろした。

「何でも聞いてくれ！」

いつもと同じように、ヒクソンは、そう言った。

「今日の髙田×コールマン戦についてだけど……」

私がそう言いかけるとヒクソンが口を開いた。

「そうだと思った。私も不思議な感じを抱きながら試合を観ていたよ。ただ、私は何も知らないし他人のファイトに口を挟むつもりもない。ただ、あなたにハッキリと言っておきたいのは、『私はフェイクは嫌いだ』ということだけだ」

ＰＲＩＤＥの黒歴史

時間が経っても、この一戦に対する格闘技関係者の怒りは収まらなかった。

海外メディアは、この試合がフェイクであると報じていたし、国内の格闘技雑誌もフェイクである証拠がないからハッキリとは報じられないまでも、できる限りの抵抗を見せた。高田がコールマンにサブミッションで勝った。

これは普通に考えれば、とてつもない快挙である。UFCチャンピオンに輝いた選手に勝った日本人は、それまでいなかったのだから専門誌の表紙を飾っても不思議ではない。だが、高田の勝利を快挙として報じようとしなかったのは、記者たちがこの試合をフェイクであると確信していたからにほかならない。専門誌『格闘技通信』（ベースボール・マガジン社）は、この高田×コールマン戦を3分の1ページという小さなスペースでしか報じなかった。『ゴング格闘技』は、さらに小さい6分の1ページの扱い。写真の横には、こう記されていた。

〈終始コールマンがグラウンドで上からパンチを浴びせたが2回に高田がヒールを極めた。その後、小川が乱入。外国人選手からは「我々はマジメにやっているのに、ああいうことはやめてくれ」との不満の声が。〉

それから1カ月後、私は米国ロスアンジェルスに飛んでいた。『PRIDE.4』が終わりPRIDEシリーズ第1章が完結した時点でメディアファクトリーは、格闘技雑誌の発行から撤退していた。そのため私は、『K-Files』（ぴいぷる社）という雑誌を創刊し、編集長を務めていたので、取材で毎月のように米国の地を踏んでいたのだ。ロスアンジェルスに隣接するオレンジ・カウンティに『エクストリームU』というMMA（ミクスド・マーシャルアーツ）アカデミーがあった。そこは、日本でも試合経験のあるショーン・マッコーリーという格闘家が経営していたのだが、訪れた際に偶然、マーク・コールマンに会った。

コールマンは日頃、フレンドリーな男だ。知った相手を見つければ自分の方から声をかけ握手を求める。私とコールマンも以前に何度も話したことがあり、知らない仲ではなかった。でも、あの時、コールマンは私を避けていた。だから私の方から彼に近づいた。互いに挨拶を交わし、その後に私が言った。

「少し話を聞かせてもらってもいいかな。この前の高田戦について」

すると彼は、視線を私に向けず下を向いてこう言った。

「あの時は本当に馬鹿げたことをしてしまった。それ以上、何も話すことはない。聞かないで欲しい」

それだけ言って『エクストリームU』を後にしようとした。それは私が知るコールマンの態度ではなかった。

コールマンは、『PRIDE．1』が開催される約半年前に開かれた『UFC12』（97年2月7日、米国アラバマ州ドーサン）で、ダニエル・スバーンを1ラウンド2分57秒、ネックロックで破り、UFC世界ヘビー級チャンピオンの座に就いた。しかし、その後、『UFC14』（97年7月27日、米国アラバマ州バーミンガム）でモーリス・スミスに判定で敗れ王座から陥落。『UFC17』（98年5月15日、米国アラバマ州モービル）ではピート・ウィリアムスにKO負け、『UFC18』（99年1月8日、米国ルイジアナ州ニューオリンズ）でペドロ・ヒーゾにも敗れ3連敗を喫する。中でもピート・ウィリアムス戦は衝撃的な負け方だった。1ラウンドにハイキックをまともに喰らって失神してしまうのだが、この時は桜庭和志と現地で一緒に観ていたこともあり、よく憶えている。

この連敗を喫している間にも私はコールマンと幾度か会って話をした。

負けた試合については語りたくないのではないかとも思い、最初のうち私は遠慮がちに質問していたのだが、彼は、そんな風には考えていなかった。むしろ、負けた試合に対してこそ言いたいことがあるようだった。

勝った試合については、「見てもらった通りだ」と笑みを浮かべていればいい。でも負けた後は、「自分はこんなもんじゃない」と主張したがる選手は多くいる。コールマンも、そうだった。

「自分はミステイクを犯した。その結果、負けてしまった。でも、あの試合では実力が発揮できなかったし、あれが私の限界だとも思っていない。もっとハードにトレーニングを積んで成長する必要はあるだろう。でも私の実力は、こんなもんじゃない。そのことを次の試合でファンに証明する」

コールマンは負けた後、いつも、そんな感じで意欲的な口調で話していた。

しかし、髙田戦の後、彼は口を閉ざした。

『エクストリームU』を出て、彼は車に乗り込む。握手をして別れた。車内にはマリファナの臭いが漂っていた。

私は、いまでも『PRIDE.5』の髙田×コールマン戦、そして『PRIDE.7』の髙田×アレクサンダー大塚戦はフェイクファイトであったと思っている。もしかしたら片八百長であったかもしれないが、いずれにしてもファンを欺く行為だ。許せるものではない。いま髙田は格闘技イベント『RIZIN』の統括本部長の座にあり、そのため格闘技関係者も気を遣って接している。だが、当時の黒歴史を知る者は、ファイターとしての髙田を心底から尊敬できないでいる。時が経てば、すべてが忘れられると考えるのは大間違いだ。ファンは、格闘技を点ではなく線で見ている。黒歴史は消せない。

闘う権利を奪われたホイラー

『PRIDE.4』で髙田との再戦に勝利した後、ヒクソンは長い間、リングから遠ざかった。

当然、ヒクソンには、さまざまな団体からオファーが届いていたが、どうやら彼を満足させる条件ではなかったようである。

ＰＲＩＤＥのリングで闘い続けたい、とヒクソンも思っていた。でも、そうはならなかったのには、『ＰＲＩＤＥ．８』でのあの事件が大きく影響したように思う。

髙田のファイトに対しては、多くのファンが疑念を抱いていたし、彼の実力についても見切りをつけていた。代わって、ＰＲＩＤＥの主役に躍り出ようとしていたのが桜庭和志だったのである。

ＵＷＦインターナショナル在籍時の桜庭は、若手、中堅選手の一人に過ぎなかった。そんな彼が一躍、脚光を浴びたのは、髙田が『ＰＲＩＤＥ．１』でヒクソンに敗れた２カ月後、97年12月21日、横浜アリーナでの『ＵＦＣ－Ｊ』に参戦した時である。

この大会ではヘビー級のトーナメントが開催された。主催者は当初、別の選手にオファーを出したが、その選手がこれを断る。その代役として桜庭が出場することとなった。結果、そのトーナメントで桜庭は優勝した。勢いそのままに、彼はＰＲＩＤＥのリングに上がることになる。

98年３月15日、横浜アリーナで開催された『ＰＲＩＤＥ．２』でヴァーノン・ホワイトに３ラウンド６分53秒、腕挫ぎ十字固めで快勝。続く『ＰＲＩＤＥ．３』（98年６月24日、日本武道館）では、修斗のリングで人気を博していたカーロス・ニュートンを２ラウンド

5分19秒、膝十字固めで破る。ヒクソンVS高田のリマッチが行われた『PRIDE.4』では前座でブラジリアン柔術ファイター、アラン・ゴエスと引き分けるも、その後も連勝を重ねる。『PRIDE.5』でビクトー・ベウフォートに判定勝ち、『PRIDE.6』(99年7月4日、横浜アリーナ)でエベンゼール・フォンテス・ブラガを、『PRIDE.7』(99年9月12日、横浜アリーナ)ではアンソニー・マシアスを、ともにサブミッションを決めて下したのだ。

桜庭に対する期待は高まる一方だった。

そして99年11月21日、有明コロシアムでの『PRIDE.8』で、いよいよグレイシー一族のファイターと初対決することになる。相手はヒクソンの弟ホイラー・グレイシーだった。

この一戦は当然、メインエベントで行われ多大な注目を集めた。

試合形式は15分×2ラウンドのPRIDE特別ルール。30分を闘い終え時間切れに終わった場合は判定は行わずドローとなる決まりだった。

序盤から体重差で約15キロ上回る桜庭が試合を優位に進める。マットに寝転ぶホイラーの足にローキックを放ち続けていた。2ラウンドに入りグラウンドで組み合い、桜庭がチキンウイング・アームロック(腕がらみ)を決めに入る。だがホイラーはタップをしない。上から抑え込まれているホイラーは逃げられない。ホイラーの表情が苦痛で僅かに歪んだ。

グレイシー一族のファイターが日本人選手に初めて敗れる瞬間が近づいていると強く感じた観衆のボルテージは一気に高まり、野太い罵声が響く。

「折れ！　折っちまえ！」

完全アウェイの場で観衆の騒ぎを聴覚で感じながら、ホイラーは必死に腕の痛みに耐えていた。

残り試合時間は2分を切ろうとしていた。

セコンドには、白いTシャツを着て、キャップを被り視線をホイラーに向けているヒクソンの姿があった。ヒクソンは焦る素振りもなく無表情のままリングを見つめている。そこへ中山健児リングドクターが近づいてヒクソンに何かを言った。だが、その声が観客が起こすざわめきによって聞き取れなかったのだろう。ヒクソンは、視線はホイラーに向けたままで耳を中山ドクターの口元に近づけた。

「タオルを投げてくれ、危ないから」

中山ドクターは、ヒクソンにそう言った。

「ノー」

短い言葉でヒクソンは、これを敢然と拒否した。

膠着状態のまま時は刻まれていく。

もし技を仕掛けられているのがホイラーでなければ、そのアームロックは決まっていても不思議ではなかった。ウェイトトレーニングで鍛え込まれたマッチョな腕であったならば、あそこまで曲げられてしまえば激痛に見舞われていたことだろう。だがホイラーは類稀なる肉体の柔軟性を備えていた。加えて、「一族の名誉にかけても絶対にタップはしない」との強靭な意思の持ち主でもあった。

あの緊迫した場面、ホイラーは動けなかったが、桜庭もまた容易に動くことはできなかった。さらに深く決め込もう、或るいは別の角度から腕を決めようとカラダの重心を移動させたならば、その動きをした瞬間にホイラーが脱出の糸口を摑むかもしれない。

果たして桜庭が決め切るのか、ホイラーが最後まで耐え切るのか、それともまさかの形勢逆転があるのか。手に汗握らずにはいられない場面——。

だが、この緊迫感溢れる攻防に水が差されてしまった。

突如、レフェリーの島田裕二が試合をストップさせたのだ。裁定はレフェリーストップ。桜庭の勝利が場内にコールされた。残り時間は104秒だった。

ホイラーのカラダが危険な状態であるとの判断で試合は止められた。それは一見、選択肢の一つとして、有り得るジャッジメントにも思われがちだ。しかし、これは明らかなミスジャッジだった。いや、むしろ島田が、主催団体側の今後のストーリー展開を考えるうえで「桜庭を勝たせたい」との意向を忖度《そんたく》したのだと私は思った。

当然、セコンドについていたヒクソン、そしてすくっと起き上がったホイラーが猛抗議を始めた。控室へ戻ってからもヒクソンの夫人でホイラーのマネジャーも兼ねていたキムがグレイシー・ジャパン代表の渡辺孝真を伴って本部室へと乗り込んだ。

リング上では桜庭がマイクを握って、観衆に対して、こうアピールしていた。

「ホイラー選手はタップしていないと言っていますが、あそこからどうやって逃げられたと言うのでしょうか？　教えて欲しいです。次は、お兄さん、僕と勝負してください」

試合を通して見れば主導権を握り続けていたのは桜庭だった。ただ決着はついていなかった。

PRIDEのリングには、もう上がらない

試合の翌日、東京・台東区スポーツセンターで『ヒクソン・グレイシー柔術セミナー』が開かれた。そこで会ったホイラーのレフェリーに対する怒りは当然、まだ収まっていなかった。

「なぜ、あそこで私が負けになるのか、まったく理解できない。腕を完全に決められてはいなかったし、タップするつもりもなかった。大体、あの場面、私の意識はハッキリとしていて、試合を続行するかやめるかを判断できる状態にあったんだ。なのに試合を止められるなんて……私はサクラバに負けたとは思っていない。レフェリーに闘い続ける権利を

奪われたんだ。許せないよ」

右腕は傷めていないか、と尋ねると彼は、「まったく問題ない」と言って、自らの右腕を後方へと曲げて背中に這わせてみせた。ホイラーの肩関節は、とてつもなく柔軟だった。

それから数日後、私は東京・中野区にあるスタジオにいた。ここでCSチャンネル『FIGHTING TV サムライ』の番組が収録され、その中でヒクソンと私が対談することになっていた。

収録が始まる。まず上った話題は、やはりホイラー×桜庭戦の決着の仕方についてだった。私が尋ねてヒクソンが答える。

──試合がストップされる直前に、リングドクターがあなたに近づいて何か言っていましたね。

「タオルを投げ入れてくれと言ってきたんだ。私が拒否すると、『なぜ、投げないんだ?』とも尋ねてきた。でも、あの場面でタオルを投げ入れる必要はなかっただろう。実際、周りが心配するほど危ない局面ではなかったんだ。あのままだったらホイラーは腕を完全に決められることもなかった」

──もしもホイラーの腕が完全に決められていたならば、あなたはタオルを投入していたのだろうか。

「その可能性はゼロではなかったかもしれないが、ホイラーが闘う意思を示している以上は私は、そうはしなかっただろう。

ただあの時、試合時間はまだ1分以上も残っていたんだ。試合を止められなければ、あの後に、もしかすると（ホイラーが腕を）折られることになっていたかもしれないし、サクラバが無理に決めようと動いて、ホイラーが形勢を逆転していたかもしれない。それはわからない」

——あのレフェリーストップは私も不当だと思った。あの続きが観たかった。

「そう、試合というものは、勝つ、負けるということがすべてではない。いずれが勝者になるにせよ、闘っている者の意思が最大限尊重されるべきではないか。そのファイティングスピリットが、あの夜に踏みにじられた。

私はホイラーが負けたとは思っていない。ホイラーは、あの日の夜、ファイティングスピリットをレフェリーによって奪われたんだ。

大体、サブミッションの攻防の中でレフェリーストップが用いられること自体が理解できない。選手の出血が多量である時などにレフェリーが試合を止めることはあるだろうが、関節技の形に入っていたとしても、それが本当に決まっているかどうかは闘っている本人が一番よく解るはずだ」

——この後についても話がしたい。試合後、リング上で桜庭選手は、あなたとの闘いを求める発言をしていたが。

「ハッキリと言っておく。このような状態であるならば私はＰＲＩＤＥのリングでは試合はできない。そこまでしてサクラバを勝たせたかったのか……とてもニュートラルな闘いの舞台であるとは思えない。

それに、ホイラーとサクラバの試合は、レフェリーが試合を止めない約束になっていたんだ。なのに我々は裏切られた」

最後のやりとりはオンエアされなかった。

だが、この言葉を残してヒクソンとホイラーはＰＲＩＤＥから撤退する。

私は思うのだ。

人は誰だって痛みを嫌う。腕を折られそうになっている場面でタップをして解放されるというのであれば、もう一方の腕をマットに伸ばして叩いてしまうことだろう。だが我々は、そんな窮地に置かれても闘い続けようとする強靭なメンタリティの持ち主に憧憬を抱く。お金のためだけに闘うのではない。その試合に人生のすべてを懸け、腕をもがれようとも、たとえ死に至ることがあったとしても自らの名誉、或るいは一族の名誉を懸けて闘っているならば、そんな覚悟を持ったとしても不思議ではない。

自らの肉体を損傷することを嫌がってすぐにタップをするか、いかなる怪我を負おうとも勝利の可能性がごく僅かでもある限り最後まで敗北を拒否するかは、選手自身に選択の権利があるのではないかと。ならば、ホイラー×桜庭戦のレフェリーストップは不当なものであり、下してはならない判断だった。

その後も何度かPRIDE側からヒクソンに対してオファーは出された。高田との3度目の対決ではなく、「ヒクソン×桜庭戦」実現に向けての動きだった。だがこの時、ヒクソンは数億円という高額なファイトマネーを求めたという。そのため実現には至らなかった。なぜ、ヒクソンはPRIDE側が応じるとは思えないファイトマネーを求める返答をしたのか？　おそらくはPRIDEのリングをニュートラルな闘いの舞台であると信じることができず、そこで闘う意義を見いだせなかったからであろう。

世紀末の2000年5月に総合格闘技界は大きな動きを見せる。

5月1日に東京ドームで『PRIDEグランプリ2000』決勝大会が開催された。このイベントでは、体重無差別のトーナメントが開催されており、その勝ち上がり段階でヒクソンの弟ホイス・グレイシーと桜庭が対戦する。15分×無制限ラウンドの特別ルールだった。試合は長期戦となる。その過程でホイスが足を傷める。そして6ラウンド終了後にセコンドについていたエリオ・グレイシー家の長男ホリオンがキャンバスにタオルを舞わせる。インターバルを含めて1時間47分にわたる死闘の末、ホイスは敗れた。

ホイラー×桜庭戦でグレイシーサイドが負けを認めない理由は、よく理解できる。だがホイスは、陣営がタオルを投入したのだから完敗である。あの瞬間、「グレイシー最強神話」は崩壊した。

そして、ホイス×桜庭戦の25日後、5月26日、東京ドームのリングでヒクソンが1年7カ月ぶりの闘いに挑んだ。舞台はテレビ東京などが主導して開かれた一夜限りのイベント『コロシアム2000』。ヒクソンの対戦相手は、かつてのUWF戦士でパンクラスのエース船木誠勝だった。

ホイスが敗れたことで「グレイシー最強神話」はすでに崩壊している。残されたのは、「ヒクソン最強伝説」のみだった。

試合形式は1ラウンド15分でラウンド数は無制限。戦前の大方の予想はヒクソン有利。

私も、そう思っていた。

だが、船木は予想外の善戦をする。船木は負ければ現役引退を、いや、それだけではなく死さえ覚悟してリングに上がっていた。どんな状況に陥ろうとも絶対にタップはしない。殺《や》るか殺られるかの闘いをやるつもりでいたのだ。序盤の組み合いで優位に立った船木は、その後も、マットに背をつけたヒクソンに対して足にキックを叩き込み続ける。大歓声に後押しされるようにヒクソンに覆いかぶさって顔面にパンチを叩き込む。ヒクソンの眼下は大きく腫れ上がった。

それでもヒクソンは強かった。

グラウンドの展開では不利な状況から巧みに形勢を逆転する。ついにはマウントポジションを奪い最後はチョークスリーパーを決めた。完全に決まっていた。船木は、もう呼吸ができない。だが最後まで敗北の意思表示を拒み苦痛の中で意識を失った。

結果は1ラウンド11分46秒、チョークスリーパーでのヒクソンの勝利。

だが、この船木戦は髙田との2試合に比べて、はるかにハードな闘いだった。実は試合中にヒクソンは数分間、両眼の視力を失っている。縺《もつ》れ合ってグラウンドの展開になった直後に、船木のパンチを眼にもらってしまう。オープンフィンガーグローブであったために、この時に船木の指がヒクソンの右眼に入る。これにより眼球が圧迫され、ヒクソンは視力を失ったのだ。大動脈の神経は両眼を繋いでいる。右眼だけでなく左眼も見えなくなってしまった。

その時のことをヒクソンは、こう話す。

「あの時、まったく何も見えなくなった。そのことに驚き不安な気持ちにはなった。でもパニックを起こすようなことはなかったよ。冷静でいられた。まず思ったのは、視界がぼやけていて見えていない状況を相手に知られてはいけないということだった」

キャンバスに仰向けに寝転ぶヒクソンは視力を失っていた。そこに立った状態の船木がキックを放ち続ける。

「立て！　立て！」

そうセコンドのホイラーが叫び続けていた。ホイラーもヒクソンが視力を失っていることには気づいていない。

「ホイラーの声は勿論、聴こえていた。でも、あの場面で立つわけにはいかなかった。船木がキャンバスに背中をつけている状態の私の足を蹴ってくる。仕方なく蹴られながら視力が回復するのを、じっと待っていたんだ。

私は常にイメージしているんだ。闘いの中で自分に起こるかもしれない多くのことを。実際、闘いの中では何が起こるかわからない。想像できなかったことが生じる場合もある。でも、それがリアルな闘いなんだと認識している。

常にイメージを大切にしてきたこと、それまでに自分を極限まで追い込んでやってきたトレーニング、積み重ねてきた闘いの中で、『どのような状況においてもパニックを起こさない』メンタリティを築くことができていたから、あの試合は勝てたのだと思う。

後で、ビデオテープで試合を見返してみたら、私が視力を失っていたのは40秒ほどだった。右眼の視力が少しずつ回復して、闘える状態に戻った。でも視力が完全に戻ったわけではなかったから、ストレスを抱えたままだったよ。そんな中で集中力を切らすことなく闘い抜き、勝つことができた」

その話を聞いた後に、私はヒクソンに尋ねた。あなたが日本で行った試合の中で一番印象に残っているのは？

「もっとも印象に残っている試合を一つ……そう問われればフナキとの闘いということになる。視力を失うという、それまでに経験したことのない状況に陥ったこともあるが、それ以上にフナキからは覚悟を感じたよ。おそらく彼は私を殺すつもりで来ていた。だから私も、それに応える闘いをしたんだ」

試合後に船木は大勢の報道陣の前で言った。

「生きていてよかった。格闘技に答えを見つけることはできませんでした。今日の試合をもって引退します」

そして、この船木戦がヒクソンにとってもラストファイトとなった。

第9章

息子の死を乗り越えて

ホクソンの死

関係者の方々へ

私たちの息子ホクソンが先頃、ニューヨークでオートバイ事故により亡くなりました。そのことを皆様に伝えねばならないことを本当に悲しく思います。

訃報をお聞きになりました世界の皆様から、親しく愛のこもった御支援をいただいておりますことは、この恐ろしい悲しみに対する私たちの支えとなっております。

彼の人生に触れたすべての人々の心に、彼の魂は永遠に生き続けてくれることでしょう。

私たちは彼を神の手に委ねました。

彼の旅路に清らかな光のあらんことを祈ります。

敬具

キム・グレイシー

ヒクソンの長男の、ホクソンの死亡が確認された2日後、日本のメディア関係者に、こんなメッセージがファクシミリで送られてきた。2001年2月のことだった。

悲報は、いつも突然に届けられる。

私はホクソンの死を、米国のメディア関係者からの電話で、その前日に知った。

そう聞かされても最初は何も感情が湧いてこなかった。現実感が伴わなかったのだ。

多方面から、その後も連絡が入る。

ホクソンはニューヨークでバイク事故により死亡した。モデルの仕事での滞在中に起きたアクシデントだという。遺体は、ニューヨークに住むヒクソンの従甥《じゅうせい》ヘンゾ・グレイシーが確認した。

享年19。若過ぎる死だった。

2000年の12月と翌01年1月にヒクソンは来日している。年末はTBSテレビの正月番組『スポーツマン№1決定戦』の収録のためであり、年明け1月8日には、愛知県体育館での『DEEP2001』で村浜武洋と対戦したホイラーのセコンドについた。12月、1月のいずれも、いつもはヒクソンが必ず連れてくるはずのホクソンの姿はなかった。が、特別不思議には思っていなかった。代わりにストリート・ファッション系の雑誌で、彼の元気そうな姿を見た。カルバン・クラインの広告ページにモデルとしてホクソンが登場していた。ホクソンも忙しいのだろう、くらいに思っていた。ヒクソンから柔術を習いながら、ファッションモデルとしても活動していたのである。モデルとして活躍するホクソンのことを、キムがとても嬉しそうに私に話してくれたことを思い出す。

ホクソンが初めて日本に来たのは、１９９４年の『バーリ・トゥード・ジャパンオープン』にヒクソンが出場した時だから、彼はまだ12歳だった。

ヒクソンを取材する際に彼とも何度か顔を合わせた。最初の頃は声をかけても、恥ずかしそうにしていたが、いつしか笑顔で「ハイ！」と声をかけてくるようになっていた。10代の成長は著しい。会うたびに子どもから青年への変化を感じたものだ。

でも、ホクソンのことを快く思わぬ日本のファンは多かったかもしれない。リング上でも彼は目立つ存在だった。ヒクソンの試合を常にリングサイドで見守り、勝利すると、すぐさまリングに駆け込んで尊敬する父に抱きついていた。だが、それだけではなく、時に挑発的な行為に及ぶこともあった。

『ＰＲＩＤＥ．８』でのホイラー×桜庭戦の際にもセコンドについたヒクソンの隣にいた。あの時、レフェリーが試合をストップした直後には怒りを顕《あら》わにもした。理不尽な判定を下したレフェリーに対して水の入ったペットボトルを投げつけたのだ。よろしくない振舞いではあったが、それも子どもながらグレイシー一族を守りたいとの想いの表れだったのだろう。

『ＰＲＩＤＥ．４』の後に、当時16歳だったホクソンは、私にこう言った。

「ヒクソンのことを尊敬し、愛している。俺はヒクソンのような偉大なファイターにはなれないかもしれないけど、少しでも近づきたい。将来はバーリ・トゥードでも闘いたいし、柔術のトレーニングを、もっとハードにやるよ」

美しき別れのセレモニー

キム・グレイシーから日本のメディアにファクシミリが届いた日の夕刻、私は成田を発ちロスアンジェルスへと向かった。

ヒクソンのことが気になって仕方なかった。キムからのメッセージにあった「恐ろしい悲しみ」という言葉がズシリと心に響いた。最愛の息子を失うことがどれほどの悲しみを伴うものなのか、当時は、まだ結婚もしておらず子どももいなかった私にも想像できなくはなかった。自分の親の気持ちになれば、それは察することができる。

2月の週末の昼下がり、ロスアンジェルス国際空港からサンタモニカ方面へ、10番のフリーウェイに乗り車を急がせる。予報によるとシャワーが降り注ぐとのことだったが、心地好い陽射しが照りつけていて空が泣き出す気配はなかった。

爽やかさを伴って暑い陽の降り注ぐサンタモニカ。最高気温でも10度を下回る2月の東京から訪れると、カラダに躍動感が漲る。だが今回ばかりは、青空を見上げても明るい気持ちには、どうしてもなれなかった。

セルフ・リアライゼーション・フェローシップ。メモリアルセレモニーの会場は教会ではなかった。その名の通り、特定の宗教を信仰していない者が冠婚葬祭を執り行うための施設だった。

ホクソンの遺体の埋葬は、すでに終えられていて、ヒクソンの意向によって葬儀も行われなかった。その代わりに、ヒクソンの家から車で5分ほどで行ける施設でメモリアルセレモニーが執り行われることになったのだ。そこに私も出席した。

葬儀ではない。だから誰もが喪服を着用しているわけではなかった。400人ほどの出席者のほとんどはジーンズにカラーシャツといったカジュアルな格好をしていた。

セレモニーホールの入り口ではヒクソンとキムが参列者を迎えていた。ヒクソンも喪服は着ずにクリーム色のトレーナー姿だった。

私はヒクソンと会うのが少し怖かった。最強の男が悲しみに包まれている姿を目にしたくなかったのだ。

でもヒクソンは気丈に見えた。参列者一人ひとりに対して感謝の意を示し、時折、笑顔も浮かべて明るく振舞っている。それでも、表情は必死に涙をこらえているようにも見えた。ホクソンの死亡が確認され、それが伝えられた日、ヒクソン・ファミリーと親しい何人かがパシフィック・パリサデスにある彼の家を訪れたという。その時、ヒクソンは誰とも会わず、部屋に閉じ籠ったままだったと伝え聞いた。愛情を注ぎ込み育ててきた長男が突然、この世を去ったのだ。彼のショックの大きさは言うに及ばない。

予定されていた時間よりも十数分ほど遅れてセレモニーは始まった。最前列には、距離を置いていたヒクソンの兄ホリオンの姿もあった。ホクソンがプールの中からレンズに向かって微笑みかけている写真が飾られた壇上に、最初に上がったのはヒクソンだった。

「ここには美しいエネルギーが充満している」

ヒクソンはそう話した後、幾度も呼吸を繰り返した。

「美しい空気を吸い込みたい。だから私は、ここで何度も呼吸を繰り返す」

そして話し始めた。

「ホクソンは私たちのもとを離れて旅立った。しかし私は悲しまない。なぜならば息子は、いま私たちが居る場所とは違うステージへ旅立ったんだ。でも私は現在も、ここに息づいている。私は悲しまないよ」

深い呼吸を何度か繰り返した後でヒクソンは続ける。

「この場で悲しんだり泣いたりしたら、素晴らしい空気が消えてしまう。そう、私は悲しむことはない。私もそのうち行くんだ」

誰もが静かに聴き入っていた。その中で、すすり泣く声が重なり合って私の耳に届く。やや上を見ながら話していたヒクソンは、弔問客に視線を向ける。

「そう、私も、そのうち行くんだ、天国へ。でもまあ、そんなに急いでは行かないけどね」

会場に微かな温かい笑いが漂う。すすり泣きながら笑っている人もいた。

ヒクソンの次に壇上に立ったのは当時13歳のクロンだった。置かれていたスタンドマイクを一番低い位置にまで下げてから、彼は話し始めた。

「兄さん、有難う。僕が最後に兄さんと話したのは僕の部屋でした。僕、そして僕の友達もいて3人でしたね。その時に兄さんが僕に話してくれたことは、これから先も絶対に忘れません。

あの時、兄さんは、こう言いました。

『何でもいい。何かひとつでいいから一番になれるものを持て。何でもいいから、そのことを一生懸命やるんだ。必死になるんだ。そして一番になれ。そのことだけを考えて生きろ』と。

あの言葉がホクソンが僕に言ってくれた最後のものになりました」

そこまで話すと幼いクロンは泣き出してしまった。もう、それ以上、言葉を続けることはできなかった。

その後、ホクソンとかかわりがあった人たちが次々と壇に上がった。

友人、ガールフレンド、ホクソンが通っていた高校の校長、柔術を通して知り合った仲間、キム、次女のカウリン、柔術大会でホクソンと闘ったことのある選手、数週間前に街中でホクソンと喧嘩をしたという男、単に仲間とだけ名乗る者……。

彼、彼女らは壇上からホクソンとの思い出を皆に話した。中には紙に書いて持ってきたポエムを読み上げる者もいた。

ホクソンと同じ歳くらいの男が話し始めた。ヒクソンのアカデミーの生徒だという彼は、3年前にホクソンと知り合ったそうだ。

「最初、ホクソンに会った時はスカした嫌な奴だと思った。でも一緒に練習を続けていく中で、とてもいい奴だと解ったんだ。俺が初めて柔術の試合をする前、ドキドキして不安で仕方がなかった。あの時、ホクソンがニコニコしながら近づいてきて俺に言ったんだ。『自信を持て、いままでやってきたことを信じるんだ』と。嬉しかった。あのことを俺は忘れない」

別れの言葉を告げる人が、あらかじめ決まっていたわけではなかった。途切れることはなく、皆、自由に壇上に歩み出ていた。

遊び仲間と称した友人は、悪びれる様子もなくホクソンと一緒にやってきた悪事について話した後にこう言った。

「ホクソン、お前には、この世は窮屈過ぎたぜ、あの世でも自由にやれよ」

約2時間にわたり20人ほどがホクソンについて話した。

そのセレモニーは、日本の葬儀のように死者の良かった話だけをつなぎ合わせて儀式的に美化するようなものとは違った。皆、ホクソンのことを赤裸々に語り、そして偲んでいた。

セレモニーが終わり出口でヒクソンと顔を合わせる。その時、私は彼にかける言葉を見つけることができなかった。僅かに上を向いて涙をこらえているヒクソンと無言で抱き合った。

プラットフォーム

ヒクソンは、このまま気力を失って引退してしまうのではないか——。

息子ホクソンの死後、このような憶測記事が日本のスポーツ紙々上などで多く見られた。

そんな中、01年6月12日、私はパシフィック・パリサデスを訪れてヒクソンと話をした。

彼と会うのは、2月にホクソンの死を悼んだメモリアルセレモニー以来、約4カ月ぶりだった。

これまでに幾度となく訪れたヒクソン家のリビングルーム。ガラステーブルの上に置かれたフレームの中で、ホクソンがにこやかな表情を浮かべていた。

「気遣ってくれなくて大丈夫だ。いつものように話をしよう」

私に視線を真っすぐに向けて、ヒクソンは、そう言った。

空は晴れていた。カリフォルニアの陽射しがリビングルームに心地好さを伴って差し込んでいる。私が黙っているとヒクソンが口を開いた。

「ホクソンは私の愛する息子だ。改めて言うまでもないが本当に可愛がって大切に育ててきたんだ。だから勿論、ホクソンの死は私にとって、とてつもなく大きな衝撃だった。ホクソンの死を知らされて以降、私は、なるべく多くの時間を家族とともに過ごすようにしてきた。家を離れることは一度もなかった。この4カ月間、ずっとそうしてきた。

私が現在《いま》すべきこと、それは私の家族を守ることだ。それは一家の主であるという理由からだけではない。私はほかの家族、つまり、妻のキム、子どもたち……カウアン、カウリン、クロンよりも、あの出来事を受け入れることが容易だったからだ。

私はウォリアー（戦士）だ。

闘いの中に、ひいては人生の中に勝利と敗北、生と死があることを理解している。そしてホクソンが短い人生を終えて天に召されたことを受け入れることができる。でもホクソンの死は家族の皆にとっては耐え難い悲しみだった。いま私は家族とともに過ごし、できるだけのことをしてあげたい。ともにホクソンの冥福を祈りたい、新たな旅立ちを明るく見送りたいと思うんだ。ホクソンの死を単なる不幸な出来事とするのではなく、より良い人生のモチベーションにできるように皆で努力している。それが現在《いま》の私が置かれている状況であり、望んでそうしていることだ。

私はナチュラルに息子の死を悲しんだ。それが、どのようなものであるかは口では言い表せない。でも有り得ることだったのだ。生きていれば、さまざまなことが起こる。時には愛する者が生命を失うことだってある。耐え難いが、それを受け入れていかねばならない。悲しんで閉じ籠り続けるわけにはいかないんだ。

数多くの友人が私に、私の家族に愛情を注いでくれた。ホクソンの冥福を祈ってくれた。そのことを、むしろ喜ばしく思う。私を気遣ってくれた多くの日本のファンにも感謝している。そして、この現実を私自身が受け入れられたことを嬉しく思っている。悲しみはとてつもなく大きかった。でも悲しむばかりではなくポジティブな面を見つめることが、もっとも重要なことなんだ。それを言葉だけではなく私は心底から理解し行動することができた」

ヒクソンは私の瞳に視線を向けて話し続けた。私も真っすぐに彼に目を向けたまま、家族の皆は元気になったのかと尋ねた。

「有難う。皆、少しずつ元気を取り戻している。メモリアルセレモニーにも来てくれて有難う。

次男のクロンは、柔術のトレーニングをかなり頑張ってやっている。4月の終わりには、ハンティントンビーチで開かれた柔術のトーナメントにも出場したよ。それほど規模が大きいわけではなくレベルも高くはない大会だったが優勝した。クロンにも思うところがあるのだろう、必死に闘っていた。これから、もっともっと強くなるよ。

私も、クロンがトーナメントに出た直前あたりから道場に出て指導を再開した。繰り返すが私自身は息子の死を受け入れている。ホクソンは天に召されたんだ。悲しむ必要はない。いずれ私も、そこへ行くんだから。

そう、あれはメモリアルセレモニーを終えた直後のことだった。私は煩わしさを感じていた。ホクソンの死に関しては私は受け入れている。でも、いろいろと煩わしいことが多かったんだ。周囲は、これまでとは違った感じで私を見る。かなり落ち込んで心を閉ざしてしまっているのではないかと。気遣ってくれているのだろうが、彼らに私は大丈夫だから、と言いたかった。でも、そういうことを言葉にするのは難しい。やるせなくて、部屋の中でジッとしているのも嫌で、海へ行ったりして日々を過ごしていた。でも煩わしさは抱えたままでいたんだ。そんな私を癒やしてくれたのは、この家の丘から見える景色だった。雄大な景観を前にしていると励まされている気分になった。自然に元気づけられたよ。

私は思ったんだ。この景色を独りでずっと見ていたい、見ていられる場所が欲しいと。それで、この家の敷地にある木の上にプラットフォーム(見晴らし台)をつくろうと決めたのさ」

話しながらヒクソンは僅かに笑みを浮かべた。そして唐突に言った。

「ちょっと外に出てみないか」と。

ヒクソン家の玄関を出ると駐車スペースがあり、その奥にある階段を上ると庭と呼ぶには広過ぎる土地があり、そこは木々の繁みになっている。そこへヒクソンと一緒に歩いていった。

「これだよ」

ヒクソンに、そう言われて見上げると一本の幹の太い樹の上にプラットフォームがつくられていた。

「これをつくることを思いついてから3日間、私はそのことに没頭した。誰の手も借りずに一人でつくった。

必要な木材を買ってきた。それからはずっと樹の上での作業だ。景色を眺めながら時間が経つのを忘れてつくり続けた。その間に、煩わしさは私の中から消えていったよ。きっと私は何かに集中したかったんだ」

プラットフォームの上からは広大な景色を見渡すことができた。そして、プラットフォームが築かれた樹の幹には雨に濡れないように薄いビニールを表面に被せた一枚の写真が貼りつけられている。笑顔のホクソンが写っていた。

プラットフォームで互いに黙ったまま、しばらくの時間を過ごした後、彼の家のリビングルームへと戻る。

私から尋ねたいことも多々あった。

ヒクソンが沈黙を守り続けている間に、日本では、さまざまな憶測が飛んでいたのだ。悲しみに暮れて引退してしまうのではないか。また『スポーツ報知』紙の一面で、02年1月4日、新日本プロレスの東京ドーム大会でヒクソン×長州力戦が決定と報じられたりもしていた。実際のところ、どうなのか。

ソファにゆったりと腰を沈めてヒクソンは答える。

「周囲が私についていろいろなことを言っていることは察しがつくよ。おそらく本当のこともあれば、そうでないこともあるだろう。後者が多いようにも思う。私は、この4カ月間、メディア関係者とは今日まで一度も話さなかった。

でもハッキリと言おう。引退は考えていない」

フレームの中で微笑むホクソンに彼は一度目をやった。そして話し続ける。

「闘うことは常に私の目の前に提示されている。実際に幾つかのオファーが私のもとに届いていた。いま、あなたが話したチョーシューと闘わないかという話があったことも事実だ。でも、それは断ったよ。

私が決めたのは、いまは闘わないということだけだ。どのプロモーターとも契約はしていない。それは条件が合わなかった云々ということではなく、いまは家族をサポートすることに専念したいからだ。ファイティング・スピリットが衰えたわけでは勿論ない。むしろ、ホクソンの旅立ちは、さらに頑張るための糧となっている。来るべき時に、私は闘いの舞台に歩もうと思っている」

それから4年後の05年に、ヒクソンはキムと離婚した。これはヒクソンから申し出たことだった。「自由に生きたい」というのが、その理由だ。パシフィック・パリサデスの家、また財産のほとんどもキムに渡し、彼は、生まれ故郷のリオ・デ・ジャネイロへと戻る。子どもたちのこと、つまりは親権云々は特に問題にはならなかった。なぜならば皆、大人になっていたからだ。

リオ・デ・ジャネイロに戻った後に、ヒクソンにあるオファーが届いた。それは彼にとっても興味深いものだった。米国テキサス州にいるプロモーターからで、新たなるMMA（総合格闘技）イベントを立ち上げるという話だったのだ。

対戦相手は当時、最強と称されていた〝ロシアの皇帝〟エメリヤーエンコ・ヒョードル。ファイトマネーを含む条件もヒクソンを十分に満足させるものが提示されていた。試合までの調整期間も十分に保たれていたから、ヒクソンは最初、このオファーを受けることに前向きだった。

だが、一つ不安があったという。

それは、右足に強い痛みを感じていることだった。

でも試合までには、まだ8カ月という時間があった。ならば、その間に治せるのではないかとヒクソンは考えた。

その時のことをヒクソンは次のように話す。

「良いオファーだった。受けたかった。でも気になったんだ。右足の痛みは何かしらの怪我によって生じたものではない。それは長年の動きの積み重ねからきているものだったから厄介な気がした。本当に迷った」

するとプロモーターは、ヒクソンに、こんな提案をしたという。

「契約書にサインをしてくれたら、約束の金額をお渡しします。もしも3カ月後に、あなたが試合をキャンセルすることになったとしても、そのお金は返してもらわなくて結構です」

それはヒクソンにとっては、このうえなく都合の良い話だった。でも、その時に彼は、「そういうわけにはいかないだろう」と思った。

ヒクソンは闘ううえで高額なファイトマネーを求める。だが一度、契約書にサインをしたならば、その約束は絶対に守りたいと考えていた。

「お金だけ貰って試合をキャンセルするというのは私の理念に反する。

結局、私は、この時にサインをしなかった。それによってヒョードルと闘えなかったことは残念だが、いまは、それで良かったと思っている。なぜならば、8カ月経った後も私の足の痛みは消えていなかったからだ」

いまも右足は痛むのか？

「いや、普段の生活では、痛みは感じなくなっている。それに普通に練習する分には、支障がないところまで回復した。だが、追い込んだ練習は、もうできない。

サインをしなかったあの時に思ったんだ。今回のオファーを断っておいて、足の回復を願いながら次のオファーを待って別の試合に出るというのは筋が通らないだろう、と。心は、『まだ闘える』と言っていた。でも肉体がついてこなかった。

きっと神様が私に告げていたんだ。

『もう闘わなくていい』と」

この直後に、ヒクソンは現役引退を表明する。

「過去に何を達成していたとしても、何を持っていようとも、常に明日のためのモチベーションがなければ人生の意味がないと私は思っている。

だから、もう闘わないと思った時、何をモチベーションにこれから生きていけばよいのか、そう考え込んだ時間も長くあった」

クロンへの想い

09年1月に最愛の父エリオ・グレイシーが他界した。95歳だった。そして、この年の9

月に、すでに21歳になっていた息子クロンがＡＤＣＣ（アブダビ・コンバットクラブ）というメジャー・グラップリング大会への出場を果たす。時間は確実に経過していく。ヒクソンの周囲だけではなく、総合格闘技の在り方、そして総合格闘技を取り巻く状況も大きく変化した。

クロンがプロのファイターとして初めて総合格闘技のリングに上がったのは、14年12月23日（有明コロシアム『ＲＥＡＬ．1』）だった。その前の年の秋、私はロスアンジェルス国際空港に程近い街、カルバーシティにある『クロン・グレイシー柔術アカデミー』でヒクソンと会った。

表情に笑みを浮かべていたこともあるが、現役を引退してから、顔が少し優しくなったようにも見える。それでも50代半ばとは思えぬシャープな肉体を保っていた。

総合格闘技デビューをまだ果たしていなかったクロンが道場生たちを指導している姿を見ながらヒクソンは言った。

「クロンは近々、ＭＭＡにチャレンジするつもりでいる。それはファイターとしてステップアップするために良いことだと思う。クロンは確実に強くなってきているし、これまでに育んできたテクニック、メンタルを活かせば、良い結果が得られるだろう。

だが、現在のＭＭＡの試合形式は、ＵＦＣがスタートした当時のものとは大きく異なる。もう別の競技になっている。タイムリミット、ウェイトリミットが設けられている。特に

5分×3ラウンドという時間設定は、柔術の技術を最大限に活かして闘うには、あまりにも短いと私は感じている。そんな中で、クロンが柔術の技術を発揮できるかどうかという懸念はある。このような短い時間での試合では、テクニックよりもフィジカルが強い者の方が圧倒的に有利だからね。そこを、いかに克服していくかが一つのテーマになるだろう」

これまで(17年9月時点)に、クロンは、『REAL.1』と『RIZIN』といった舞台で総合格闘技4試合を行い全勝、いずれも一本勝ちだ。対戦相手には、山本アーセン、所英男、川尻達也と3人の日本人選手が含まれている。いまやクロンは73キロ前後のクラスにおいて世界の中心選手になりつつある。

ヒクソンは、総合格闘技がここ十数年の間で別の競技になった、という。私もそう思う。ヒクソンが、あるいはホイスが、また彼らの父エリオが闘ってきたバーリ・トゥードとMMAは別物である、と。そう話すとヒクソンが続ける。

「そうだ。バーリ・トゥードは、現在《いま》ではもう存在しないだろう。私たちの時代で幕を下ろした。MMAはスポーツだが、バーリ・トゥードの本質はスポーツではない。誇りを懸けた決闘なんだ。

90年代には、オクタゴンやリングの中でもバーリ・トゥードの意味合いを持ったファイトがあった。初期のUFCがそうだし、日本のファンがよく知る試合で言えば、ナカイ

（中井祐樹）の（ジェラルド・）ゴルドーとの闘い（『バーリ・トゥード・ジャパン'95』トーナメント1回戦）だろう。あの闘いの中で、ナカイは幾つもの苦難に出合った。でも、それを強靭な精神力で乗り越え、大きな怪我を負いはしたが、それでも勝者となった。あれはスポーツではなく決闘であり、それにナカイは勝ったのだ。

MMAは、テクニックと、そしてフィジカルの強さを競い合うスポーツになっている。でもバーリ・トゥードは人生を懸けての決闘だったんだ。私は最後のフナキ戦まで、バーリ・トゥードを闘ってきたつもりでいる」

私は現在も総合格闘技を観続けている。好きだからだ。だが、総合格闘技よりもバーリ・トゥードの方が、はるかに興味深く、また熱くなれた。

「それは私も同じだ。でも時代は流れていく。これは仕方の無いことだろう」

そう言ってヒクソンは笑みを浮かべた。

これからクロンに総合格闘技を超えたバーリ・トゥードの闘いを経験させてみたいかとも私はヒクソンに尋ねた。また、クロンが子どもだった頃に、現在のように強いファイターになることを想像できたか、とも。

「答えは、ともにノーだ。

クロンがMMAファイターを目指すことを、彼が幼かった頃には上手くイメージできなかったよ。クロンがファイターになったことは一族の使命ではない。彼自身がトップファイターになることを望んだんだ。クロンは子どもの頃に柔術を始めた。グレイシー家に生まれた者は皆、幼い頃に柔術衣に袖を通す。でもチャンピオンを目指すことが宿命づけられているわけではない。トップファイターを目指すのは、ファミリーの中でもごく限られた者だ。

だからクロンが、どのような道に進むのかはわからなかった。それは私が決めることではない。彼自身が決めた。もしかすると、そこにはホクソンの死が大きく影響していたかもしれない。ただ彼が自らファイターになることを選んだことを私は、とても嬉しく思っている」

あなたの父エリオもあなたにファイターとして生きることを強要しなかったのだろうか。そして、エリオがあなたに教えたこと、あなたがクロンに教えたことに何か違いはあったのだろうか。

「エリオの私に対する接し方と、私がクロンに対してしてきたことは、ほとんど同じだと思う。私自身は同じようにしてきたつもりだ。父エリオは私だけではなく、私の兄弟に対しても何かを強要するようなことはなかった。

グレイシー一族に生を受けたならば、ファイターになることが宿命づけられているように言っている人がいるが、そんなことはない。実際のところ私の兄弟の中で闘いに身を捧げようとしたのは兄ホーウス（82年にハンググライダー事故で死亡）、私、ホイラー、ホイスだ。ほかの兄弟は皆、柔術を経験してはいるが、トップファイターを目指したわけではない。自分の道は自分で選ぶものだと父は教えてくれた。だから無理矢理に練習をさせられたり、試合に出されたりするようなことは一切無かったよ。

私はチャンピオンを目指してファイターになることを自分で決めた。それはクロンも同じだ。私がファイターとして生きていくことを決めた時、エリオは常に私を励まし、的確なアドバイスを与えてくれ、またサポートもしてくれた。私もクロンに対して、そうするつもりだ。

もし、どこかに違いがあるとしたら、それは時代によるものだろう。私の考え方、やり方が、これからの時代にフィットするとは限らない。私がエリオから、すべては受け継がなかったように、クロンも私の考え方すべてを受け入れるわけではないだろう」

時代は移る。その中で、さまざまなことが変化していく。それはプロレスも同じだと私は思った。昭和のプロレスと現在のプロレスは違う。プロレス界を背負って総合格闘技のリングに挑む必要は現在《いま》はない。

翌日、ヒクソンと一緒にサンタモニカのビーチへ行った。彼の新妻カシアも一緒だった。2人の年齢差は、おそらく20はあるだろう。でも、とても仲むつまじかった。ヒクソンは自由に生きている。それは闘いの舞台に上がる際と同じように自然体を崩さないということなのだろう。濃青の空から強い陽の光がビーチに注がれていた。

3人で砂浜に寝転び他愛の無い話をした。その後、ビーチ近くのレストランで一緒に食事をした。

チキンサンドウィッチを口に運ぶヒクソンに改めて尋ねようかと思った。

あなたは、『PRIDE.1』以降、日本のプロレス界が大きな変化を遂げたことを知っているだろうか。あなたに、日本のプロレス界を変えたという自覚はあるのだろうか、と。

答えが想像できたから聞くのはやめた。

ヒクソンの顔を覗き込む。表情は穏やかだ。だが瞳の奥に宿る鋭い光は、現役時代のままだった。

エピローグ

ヒクソン×髙田戦が珠玉の名勝負であったかといえば、そうではなかった。試合内容を鑑みれば、決してハイレベルな闘いでは無かっただろう。

それでも記憶に深く刻まれる闘いであったことは間違いない。特に昭和の時代からプロレスを見続けてきた者にとっては心に沁みる一戦だった。

少年期から50歳になった今日までに、プロレス、ボクシング、柔道、キックボクシング、レスリング、空手、テコンドー、そして総合格闘技等々……一体、どれだけの数の試合を観てきたのだろう。何千、何万、何十万……もはや、よく解らない。今日までに何杯のカレーライスを食べたか、と問われてもよく解らないのと同じように。私にとって格闘技を観ることとは、食事や睡眠と同様に生活の一部となっていたのだろう。

ただ、その中でもっともインパクトの強かった試合は何かと問われれば、これには即座に答えることができる。

『PRIDE.1』のヒクソン×髙田戦である、と。

「プロレス体験者」である私は、あの闘いを直視することで、気持ちに決着をつけることができた。

さて、なぜ私たちは格闘技を見続けるのだろうか？

バイオレンスが好きなのではないか、野蛮な心の持ち主だからではないか、と思う人がいるかもしれないが、そうではない。血が流れたり、皮膚から骨が飛び出すようなシーンは、できれば見たくない。自分が痛いのも、他者が痛がるのも嫌いだ。大体、人間の顔は殴られるようにはできていないと思っている。

にもかかわらず私は格闘技に魅了される。それは、真のファイターたちが心に宿す勇気と覚悟を感じ取りたいからだろう。

格闘技、特にバーリ・トゥードは、スポーツの枠に収め切れないものである。なぜならば、死の恐怖に打ち勝たねば闘えないからだ。ファイターには、フィジカルの強さやテクニックの優位性以上に、心の強さが求められるのである。いかなる苦境に陥っても諦めずに闘い抜こうとする者の姿に、私たちは心を揺さぶられ、同時に憧憬の念を抱くのだ。

グレイシー一族に、中でもヒクソン・グレイシーに出会えて本当によかったと私は思っている。

ヒクソン、そして彼の兄弟たちは、自分たちの強さについて常に、こう話してきた。

「父エリオがつくり上げたグレイシー柔術のテクニックが優れているのさ」

でも、それだけではないだろう。

「一族の名誉のためなら死んでも構わない」という覚悟こそが、本当の彼らの強さの秘密なのだ。ヒクソンはリングの上で、それを体現し続けたからこそ私たちを魅きつけたのだ。

ヒクソンが勝ち、髙田が敗れた。

それは、フィジカル、テクニック以上に、闘いに対する覚悟の差がもたらした結果だった。

20年前に録画したビデオテープを再生する。

なぜかドキドキする。ヒクソンは輝き続けていた。そして、少し切ない。

２０１７年9月

近藤隆夫

本書は、書き下ろしです。

【参考文献】

『PRIDE.1オフィシャルガイドブック』（メディアファクトリー）
『PRIDE.1オフィシャル速報ブック』（メディアファクトリー）
『ヒクソン×高田戦の真実！ SLAM JAM編』（メディアファクトリー）
『PRIDE.2オフィシャル速報ブック』（メディアファクトリー）
『PRIDE.3オフィシャル速報ブック』（メディアファクトリー）
『PRIDEオフィシャルマガジン 打倒！グレイシー柔術』（メディアファクトリー）
『PRIDE.4オフィシャル速報マガジン』（メディアファクトリー）
『K-Files Vol.1』（ぴいぷる社）
『K-Files Vol.2』（ぴいぷる社）
『K-Files 特別編集 完全保存版/総合格闘技2002』（アスキー）
『PRIDE&バーリトゥード最強読本』（日本スポーツ出版社）
『グレイシー柔術 アルティメットの一冊』（日本スポーツ出版社）
『泣き虫』金子達仁（幻冬舎）
『流血の魔術 最強の演技 すべてのプロレスはショーである』ミスター高橋（講談社）
『語ろう！ プロレス SLAM JAM編』（竹書房）
『今世紀最強の格闘技名勝負100』（日本スポーツ出版社）
『知られざる格闘技名勝負 DIGEST100』（日本スポーツ出版社）
『苦しみの中から立ち上がれ』アントニオ猪木（みき書房）
『最強伝説ヒクソン・グレイシー』（洋泉社）
『週刊ゴング』（日本スポーツ出版社）
『週刊プロレス』（ベースボール・マガジン社）

『週刊ファイト』（新大阪新聞社）
『ゴング格闘技』（日本スポーツ出版社）
『格闘技通信』（ベースボール・マガジン社）
『プロレスの達人』（ＢＡＢジャパン出版局）
『東京スポーツ』
『日刊スポーツ』
『デイリースポーツ』
『報知新聞（スポーツ報知）』
『内外タイムス』
『サンケイスポーツ』

近藤隆夫（こんどう・たかお）

1967年、三重県松阪市生まれ。スポーツジャーナリスト。上智大学在学中より『週刊ゴング』誌の記者となる。その後『ゴング格闘技』誌などスポーツ専門誌の編集長を歴任。91年渡米。2年間のカリフォルニア州での生活を経て独立。格闘技をはじめ、野球、陸上競技、自転車競技など、幅広いフィールドで取材、執筆活動を展開する。著書に『グレイシー一族の真実～すべては敬愛するエリオのために～』（文藝春秋）、『情熱のサイドスロー～小林繁物語～』（竹書房）、『ジャッキー・ロビンソン～人種差別をのりこえたメジャーリーガー～』（汐文社）、『忘れ難きボクシング名勝負100　昭和編』（日刊スポーツ出版社）ほか多数。

プロレスが死《し》んだ日《ひ》。

ヒクソン・グレイシーVS髙田延彦《たかだのぶひこ》 20年目《ねんめ》の真実《しんじつ》

2017年10月10日　第1刷発行

著　者　近藤隆夫《こんどうたかお》

発行者　手島 裕明
発行所　株式会社 集英社インターナショナル
〒101-0064 東京都千代田区猿楽町1-5-18
電話　03-5211-2632
発売所　株式会社 集英社
〒101-8050　東京都千代田区一ツ橋2-5-10
電話　読者係 03-3230-6080
販売部 03-3230-6393(書店専用)

印刷所　凸版印刷株式会社
製本所　ナショナル製本協同組合

定価はカバーに表示してあります。
本書の内容の一部または全部を無断で複写・複製することは法律で認められた場合を除き、著作権の侵害になります。造本には十分注意しておりますが、乱丁・落丁（本のページ順序の間違いや抜け落ち）の場合はお取り替えいたします。購入された書店名を明記して、小社読者係宛にお送りください。送料は小社負担でお取り替えいたします。ただし、古書店で購入したものについては、お取り替えできません。また、業者など、読者本人以外による本書のデジタル化は、いかなる場合でも一切認められませんのでご注意ください。

© 2017 Takao Kondo　Printed in Japan
ISBN978-4-7976-7345-6　C0095
JASRAC 出　1711284-701